LA FAMILLE

DE

SURVILLE,

OU

LE FRANÇAIS DE TOUS LES RANGS.

Diversité, c'est ma devise
LAFONTAINE.

AVEC FIGURES.

SECONDE ÉDITION.

Paris,

CHEZ LES PRINCIPAUX LIBRAIRES,

1825.

mande qui leur en est faite, de payer en l'acquit des
redevables, et sur le montant des sommes qu'ils leur
doivent ou qui sont en leurs mains, jusqu'à concur-
rence de tout ou partie des contributions dues par les-
dits redevables. Les quittances des percepteurs leur sont
allouées en compte. *Idem*, art. 2.

18. Les *contributions indirectes* comprennent les
droits établis sur les boissons, les cartes à jouer, les
tabacs, les voitures publiques, etc.

Voir *Droits réunis*.

CONTUMACES, *ou* CONDAMNATIONS PAR DÉFAUT EN
MATIÈRE CRIMINELLE.

Art. 1er. Lorsqu'après un arrêt de mise en accusation
(Voir *Mise en accusation*.), l'accusé n'a pu être saisi,
ou ne se présente pas dans les dix jours de la notifica-
tion qui en a été faite à son domicile ; ou si, après s'être
présenté ou avoir été saisi, il s'est évadé, le président
de la cour d'assises ou de la cour spéciale, suivant la
compétence de l'affaire, où, en leur absence, le président
du tribunal de première instance, et à son défaut le plus
ancien juge de ce tribunal, rend une ordonnance portant que l'accusé est tenu de se représenter dans un
nouveau délai de dix jours, sinon qu'il sera déclaré
rebelle à la loi, qu'il sera suspendu de l'exercice de ses
droits de citoyen, que ses biens seront séquestrés pendant l'instruction de la contumace, que toute action en
justice lui sera interdite pendant le même tems, qu'il
sera procédé contre lui, et que toute personne est tenue
d'indiquer le lieu où il se trouve.

Cette ordonnance fait mention du crime et de l'ordonnance de prise de corps.

Code d'instruction criminelle, art. 465.

2. Cette ordonnance est publiée à son de trompe ou
de caisse le dimanche suivant, et affichée à la porte du

LA FAMILLE

DE

SURVILLE.

T. I.

Tous les Exemplaires non revêtus de cette
signature seront réputés contrefaits.

LA FAMILLE

DE

SURVILLE,

OU

LES FRANÇAIS DE TOUS LES RANGS,

ROMAN HISTORIQUE;

PAR UN INVALIDE,

AUTEUR DES LOISIRS D'UN FRANÇAIS.

Diversité, c'est ma devise.
LAFONTAINE.

SECONDE ÉDITION.

TOME PREMIER.

Paris,

IMPRIMERIE DE SÉTIER,

COUR DES FONTAINES, N° 7.

1825.

LETTRE ADRESSÉE A L'AUTEUR.

Kimper-Corentin, le 20 mai 1824.

MON AMI,

Je te renvoie ton manuscrit par un de nos anciens compagnons d'armes, nouvellement remis en activité dans un des régimens de la garnison de Paris; sa première course, en arrivant, sera vers l'hôtel des Invalides; il a hâte de revoir le meilleur et le plus ancien de nos camarades.

Tu me demandes si je crois que tu puisses publier ce Roman, sans t'exposer à la censure trop amère des Aristarques du jour? Si tu n'avais que les bons critiques à craindre, je te dirai : hasarde cette publication : les écrivains sensés blâmeront la négligence de ton style, la diffusion de ton plan, l'incohérence de plusieurs de tes idées, toutefois avec cette décence et cette indulgence qui caractérisent les hommes de bien et les vrais amis des lettres. Mais que deviendras-tu, si les frélons de la littérature exercent leurs venimeux aiguillons sur tes premiers essais en ce genre? Tu ne pourras pas appeler en champ clos celui dont tu te croiras offensé : ce serait te donner un ridicule de plus, et puis *tu n'as qu'un bras ;* à moins que tu ne l'exposes contre les ennemis de la France, tu dois y tenir. Il te faudra donc dévorer ton humiliation, et tourner toute ta fureur contre ta seule manie d'écrire : voilà sans doute une belle ressource !

Tu veux savoir encore ce que personnellement je pense de ton livre. Eh! mon ami! si l'amour est frappé de cécité, l'amitié n'a-t-elle pas son aveuglement? accoutumé depuis ma jeunesse à m'identifier avec tes idées, témoin d'une partie des scènes que tu retraces, connaissant le plus grand nombre des êtres de ton choix , aux noms près des personnes et des lieux , j'ai cru lire de vrais et fidèles mémoires : comment pourrais-je juger du roman ? Cependant je crois que tu as eu tort de mettre à contribution tes souvenirs et les fastes de la gloire , pour rapporter , avec leurs détails historiques , les principales batailles qui , pendant vingt-cinq ans , honorèrent les armes françaises ; on dira que tu as voulu forcer les Dames , celles qui ne lisent que des œuvres légères , à connaître à fond les exploits guerriers de leurs braves adorateurs. Au reste , il est si doux pour un vieux soldat de s'entretenir des victoires auxquelles il sut concourir !.... J'avoue que le récit de nos combats , en me rappelant aux illusions de la jeunesse et de la gloire , produit sur moi le même effet que la vue du portrait de ma première maîtresse ; j'écoute l'un , je considère l'autre , avec un égal plaisir , et alors j'ai vingt ans de moins.

Quoi qu'il en soit , je te répète que tu

ne peux t'en rapporter à mon opinion sur l'alternative de publier ou non ton prétendu Roman. Ne t'autorise pas surtout de cet axiome, reproduit tant de fois, qu'il faut encore avoir de l'esprit pour faire un mauvais livre : le public ne force personne à écrire ; il a donc le privilége de pester lorsqu'on l'ennuie, et il use de ce privilége. En conséquence, si tu te laisses tenter par le démon de la publicité, garde l'anonyme : tu ne dis de mal de personne ; personne n'aura le droit de s'en plaindre.

A revoir, mon ami. Pendant que tu fais des volumes, je ne reste pas tout-à-fait inactif : ma bonne petite femme vient de me donner un troisième enfant, un garçon ! juge du bonheur de ton vieux camarade, de ton ami, ton ami tout dévoué.

BARDEL.

LA FAMILLE DE SURVILLE.

CHAPITRE PREMIER.

— Ciel ! le Comte ?.....

— Je viens d'apprendre que j'ai le bonheur d'être père ; je n'ai pu résister.....

— N'entrez pas, Monsieur, je vous en supplie.

— Qu'avez-vous, Robert ? D'où vient cet effroi ?..... Ma femme serait-elle en danger ?

— Hélas ! Monsieur ,..... Madame la Comtesse.....

— Parlez.

— Ne m'interrogez pas, fuyez plutôt cette demeure où toutes les infortunes semblent vous menacer.

— Qu'avez-vous à m'apprendre ? parlez ; je ne puis supporter cette affreuse incertitude ;...... mais non , conduisez-moi près de Sophie.

— Arrêtez.....

— Quel terrible soupçon.....

— Vous ne pouvez la voir , Monsieur, vous ne pourriez résister à ce spectacle déchirant.

— Grand Dieu !.... elle est morte ,.... je n'en puis plus douter. Ah ! du moins, qu'il me soit permis de l'embrasser encore , d'arroser de mes larmes les dépouilles mortelles de cet ange de bonté.

— Vous ne le pouvez sans exposer votre liberté, et peut-être votre vie : deux satellites du gouvernement révolutionnaire veillent en ce moment non loin de cette victime de leur férocité.

— Les monstres ! ils l'ont assassinée !

— A peine avions-nous dépêché Durand près de vous, afin de vous annoncer l'heureuse délivrance de Madame la Comtesse , qu'une troupe furieuse et en désordre s'est présentée devant l'hôtel. On lui en refusa d'abord l'entrée, mais elle menaça d'enfoncer la porte et les haches étaient déjà levées : les clameurs de ces barbares parvinrent jusqu'à Madame : dans la crainte de les irriter encore davantage, elle ordonna qu'on leur ouvrît. Ils se répandirent alors comme un torrent dans tous les appartemens, vous appelant à haute voix, ajoutant à votre nom les épithètes les plus infâmes, vous accusant d'avoir conspiré contre l'Etat, et de vouloir sauver notre malheureuse Reine. En vain on leur fit observer la situation de Madame la Comtesse ; ils supposèrent qu'on voulait les abuser, et forcèrent bientôt la porte de sa chambre ; deux de vos domestiques succombèrent en voulant s'opposer à leur approche, et cette blessure prouve que je les ai secondés ; mais il fallut céder au nombre : ils entrèrent chez la Comtesse..... Hélas ! elle n'était déjà plus ;..... entourée de ses femmes au désespoir et pressant sur son sein la jeune innocente à qui elle venait de donner le jour, elle avait exhalé son dernier soupir..... Ce spectacle affreux parut un instant changer les dispositions, et contrister les traits féroces de ces brigands. On entendit alors dans la pièce voisine, un des leurs, sans doute, qui, les réunissant autour de lui, leur dépeignit, avec trop d'exactitude, l'asile que la prudence de Madame vous forçait d'habiter depuis un mois : «Suivons Lazarre,» s'écrièrent plusieurs voix, et ils sortirent, ne laissant avec nous que deux de ces stipendiaires pour s'assurer de votre personne dans le cas où vous rentreriez dans cet hôtel. Maintenant, songez que vous vous devez à cette innocente créature dont la naissance est marquée par un si grand malheur ; songez qu'un jour elle aura besoin de votre appui : songez, enfin, que la nature et l'honneur vous commandent de conserver vos jours. Durand vient de seller deux de vos chevaux, il vous attend dans la rue de Babylonne où vous pouvez vous rendre, par la petite porte du jardin, sans être aperçu de ceux qui nous surveillent; hâtez-vous, je vous en conjure; la nuit favorise votre fuite, ne perdez pas un instant.

Robert venait d'achever ce récit auquel Monsieur de Surville n'avait répondu que par des sanglots, lorsque Madame Germain, femme de son valet de chambre, entra, portant l'enfant nouvellement né, et suivie d'un petit garçon de cinq ans environ, qui vint se précipiter dans les bras du Comte, en pleurant amèrement : le Comte embrassa ce dernier et prit ensuite, des mains de la nourrice, sa fille qu'elle venait lui présenter ; il la contempla un instant dans un douloureux silence, la couvrit de ses baisers, et des pleurs abondans s'échappèrent de ses yeux : « Voilà donc tout ce qui me reste de toi, ô ma chère Sophie ! » s'écria-t-il, avec l'accent du plus cruel désespoir.

A l'instant on entendit une nouvelle

rumeur dans l'hôtel, et Germain effrayé vint annoncer que la troupe qui était à la poursuite de son maître, furieuse de n'avoir pu le rencontrer dans la maison qu'on lui avait indiquée, venait, avec d'horribles dispositions, renouveler ses recherches. Plusieurs d'entre ces scélérats, ajouta-t-il, sont couverts de sang et semblent n'exister que pour le meurtre.

Aussitôt la nourrice s'empara de l'enfant; Robert et Germain entrainèrent le Comte vers une sortie secrète qui communiquait avec le jardin, et ils arrivèrent sans obstacle à la petite porte où Durand attendait avec impatience l'arrivée de son maître.

— Adieu donc, mon cher Robert, dit le Comte à son jeune ami, prenez cette clef, c'est celle du secrétaire qui se trouve dans ma bibliothèque; là sont renfermés les bijoux de ma chère Sophie et tout l'argent que je possède; sauvez ma fille, donnez des soins à Charles, et écrivez-moi à Mayence, sous le nom de Ludvick, poste restante : n'oubliez pas que je vous confie ce que j'ai de plus cher au monde, les seuls êtres pour lesquels je tienne encore à la vie.

— Comptez sur moi, répondit Robert, avec une affectueuse inquiétude ; mais hâtez-vous : je crois entendre quelque bruit dans le jardin.

M. de Surville et Durand montèrent à cheval et s'éloignèrent avec autant de vitesse que le permit la légèreté de leurs montures. Lorsqu'ils furent sur le point d'arriver à la barrière St-Martin, Durand détacha deux manteaux bleus qui se trouvaient derrière lui, revêtit son maître de l'un d'eux, se couvrit de l'autre, et, au moyen des chapeaux de livrée (1) dont ils s'étaient couverts, ils parvinrent à passer les postes sans être même interrogés... Revenons à l'hôtel de Surville.

Robert ne s'était point trompé ; cinq

---

(1) Les gendarmes d'alors portaient aussi des manteaux bleus et des chapeaux galonnés.

ou six des massacreurs étaient à la recherche de M. de Surville et parcouraient le jardin. Ils y étaient parvenus, après avoir visité la pièce où se trouvait d'abord le Comte et par cette même issue qui venait de favoriser sa retraite. Ils arrivèrent enfin jusqu'à Robert, au moment où celui-ci refermait la petite porte par laquelle nos fugitifs venaient de leur échapper.

« Ici ! » cria l'un d'eux à ses compagnons, en apercevant Robert et Germain : « Voici du gibier, qui, je crois, veut nous épargner l'ennui de l'attendre à l'affût. »

« Ici ! » fut répété par plusieurs voix, et l'ami du Comte, ainsi que le valet de chambre, fut bientôt entouré de toutes parts.

— Qui es-tu ? dit à Robert celui qui d'abord l'avait aperçu.

— Je suis, ainsi que mon camarade, attaché à cette maison, et je vous avoue qu'au moment où vous nous avez découvert , nous nous disposions à la quitter.

— Tu peux être un mauvais coquin, mais au moins tu parais franc ; quoiqu'il en soit, donne moi cette clef, c'est sûrement celle de cette porte, tu ne t'en serviras plus, et elle peut nous être utile ; n'est-il pas vrai mes amis ? ajouta-t-il en se tournant vers ses compagnons.

— Sans doute , sans doute, répliqua l'un d'eux, d'une voix rauque et avec un sourire féroce ; mais que n'expédions-nous d'abord ces deux gaillards ? ça serait autant de fait.

— Comme tu voudras, dit le premier... Déjà les sabres et les haches étaient levés sur les deux infortunés, lorsqu'un troisième intervint et , s'efforçant de donner à sa voix et à ses gestes l'air de férocité de ses acolytes, les arrêta par ces mots :

— Un moment , mil-z-yeux , comme vous êtes pressés, vous autres ! Vous connaissez bien peu le métier, et ne songez guères à nos intérêts. Qui nous dit que ce drôle qui feint de passer pour un valet, et qui n'en a point la livrée, n'est pas lui-même ce Surville que nous cherchons? Or, nous avons promis de le livrer entre les mains de Lazarre qui, en récompense, doit nous donner à chacun quinze livres bien comptés ; il est donc possible que Lazarre, voulant obtenir de lui des révélations importantes, ne nous saurait pas bon gré de lui amener un homme mort pour faire la conversation.

Cette saillie grossière fit rire aux éclats les bourreaux prêts à frapper, et, comme cela arrive souvent, la raison appartint à celui qui avait parlé le dernier. Ils rentrèrent donc à l'hôtel avec leurs deux prisonniers qu'ils reléguèrent dans la chambre où gisait Mme de Surville.

— A propos, dit l'homme aux raisonnemens, avant de vous enfermer, je dois songer au solide : la cave est-elle garnie ?

— Vous la trouverez ouverte, dit Germain.

— Bon, répondit l'interlocuteur, cela nous dispensera d'en enfoncer la porte.... Puis, à la troupe qui était à peu près toute réunie, allons, mes braves, allons boire à la santé de la Nation; tous répétèrent cette invitation avec des cris affreux et suivirent leur guide. Leur marche était éclairée par deux candélabres garnis de leurs bougies et qu'ils avaient détachés du salon; ils arrivèrent en foule à l'entrée des caveaux, s'y précipitèrent, et, dans un épouvantable tumulte vaquèrent aux apprêts d'une dégoutante orgie.

Les domestiques, réunis avec Robert près du corps de Madame de Surville, étaient en proie aux plus cruelles angoises; les femmes, agenouillées près du lit funèbre de leur maîtresse, priaient le Tout-Puissant de leur accorder une mort prompte, et pour toute grâce de les sauver des traitemens affreux qui semblaient leur être réservés avant de succomber sous les coups de ces barbares

Les antécédans n'avaient que trop prouvé que la plus faible suspicion était une sentence de mort sans appel, et si la victime échappait, comme par miracle, aux arrêts d'un tribunal pervers, elle ne pouvait se soustraire à la fureur toujours renaissante des bourreaux soudoyés par les puissances ennemies, ou par les hommes criminels dont le but était d'avilir leur propre patrie, en déshonorant la cause de la liberté et en forçant leurs concitoyens à devenir les assassins de ceux dont les vertus méritaient le plus religieux hommage.

Cependant cette troupe de cannibales faisait retentir l'hôtel de ses horribles cris, et ses chants féroces parvenaient jusqu'à la chambre occupée par les captifs; ils s'unissaient ainsi aux pleurs du jeune Charles, aux cris plaintifs de l'enfant dont le cœur ne devait jamais s'épanouir aux accens d'une mère, aux sanglots de madame Germain, sa nourrice qui, chaque fois qu'elle entendait le bruit s'accroître, croyait toucher à son dernier moment. Robert morne et pensif, gardait le silence du désespoir, il semblait résigné; mais lorsqu'il tournait ses regards vers l'orpheline, enfant de son adoption, son cœur se brisait, et il ne pouvait contenir ses larmes.

— Qu'allons-nous faire ? dit Charles, ces méchans vont sans doute venir nous tuer quand ils auront bien bu ; eh bien! moi, si j'étais grand comme Germain et M. Robert, je tâcherais d'enfoncer cette porte et je me sauverais ; ou, s'ils venaient m'en empêcher, je prendrais la pelle, les pincettes, enfin tout ce que je trouverais, et je me battrais contre eux jusqu'à ce qu'ils soient tous morts, ou bien moi.

— Très-bien, ma foi, dit un homme qui ouvrit la porte précipitamment, et que Robert et Germain reconnurent pour celui qui, déjà quelques instans avant, s'était opposé à ce qu'ils fussent sacrifiés ; c'est ce que nous allons voir.

Charles d'abord surpris, parut perdre

de sa contenance héroïque, mais voyant l'étranger seul il fixa Robert comme pour le consulter, et s'écria :

— Allons, commençons par celui-ci, et saisissant un flambeau il allait le lancer à son adversaire, lorsqu'il fut arrêté par Robert.

— Laissez-le faire, dit l'étranger, avec un accent tout différent de celui qu'il avait d'abord affecté, j'en ai vu et reçu bien d'autres. Voilà un charmant garçon ! je veux lui prouver que j'aime les braves : dans une heure au plus, vous serez débarrassés de vos surveillans; en attendant, songez à tout ce que vous devez emporter en sortant de cette maison; rien de trop lourd cependant, parce qu'il est possible que nous soyons contraints de marcher au moins une demi-heure avant de trouver un gîte et des moyens de transport ; songez à tout cela, à revoir. Il sortit alors, refermant la porte avec autant de promptitude qu'il en avait mis à l'ouvrir, et laissant ses prisonniers frappés de surprise. Tous leurs regards étaient encore fixés sur la porte et l'étranger devait être déjà bien loin ; Charles interrompit encore leur silence.

— Eh bien ! j'allais faire une jolie chose, moi.

— Oui, lui fit observer Robert, il n'y a peut-être qu'un honnête homme dans tous ces gens-là, et tu voulais le tuer.

— Un honnête homme ! reprit madame Germain, en soupirant ; allez, c'est tout uniment un coquin un peu plus retors que les autres, et qui veut s'emparer à lui seul de tout ce que nous possédons. Il va sans doute nous conduire dans quelque repaire où il nous fera déposer ce que nous aurons emporté, après quoi..... Oh mon Dieu ! ayez pitié de nous !

— Je ne partage point vos craintes, dit Robert ; votre mari et moi, nous avons des motifs pour lui croire de meilleures intentions , il nous a déjà sauvés de la fureur des siens.

— Ah! Monsieur Robert , les hommes d'aujourd'hui!..... (bien que jeune, cette expression lui était familière.)

— Ecoute , ma chère amie , dit Germain , il ne faut pas tous les confondre , n'as-tu pas vu et ne vois-tu pas encore les sept huitièmes de la population gémir des excès d'une poignée de scélérats , puissans parce qu'ils sont audacieux ? De là ne dois-tu pas conclure.....

— Je conclus , M. Germain , que vous avez toujours vu les choses de travers , et que vos beaux raisonnemens ne peuvent plus me convaincre.

— Bah! bah! dit Charles , je gage, moi, que c'est un brave homme, et qu'il tiendra sa promesse.

— A votre âge on voit tout en beau , M. Charles , et comme je le disais, les hommes d'aujourd'hui ne sont qu'un composé de lâcheté et de scélératesse , cela n'est-il pas prouvé, d'après même ce que dit M. Germain, avec son ton de docteur? Puisqu'il n'existe qu'une poignée d'hommes qui fait le mal, pourquoi si le plus grand nombre désire le bien, n'extermine-t-il pas cette canaille?

— Oh! ma chère! tu raisonnes singulièrement; sais-tu que cette question.....

— Est toute résolue, M. Germain; scélératesse dans le plus petit nombre, et lâcheté dans le plus grand : voilà les hommes d'aujourd'hui!.....

— Cet enfant pleure beaucoup, madame Germain, dit Robert; ne pouvez-vous trouver le moyen de l'apaiser?

Nos prisonniers cependant étaient plus calmes, et quoiqu'en eût dit madame Germain, elle avait repris une partie de son énergie avec l'espérance d'échapper à un premier danger; tel était, d'ailleurs, l'amour de cette dernière pour la dispute, surtout avec son mari, qu'elle avait oublié l'enfant confié à ses soins, ainsi que les craintes qu'elle avoit d'abord exprimées ; l'observation de Robert rétablit le silence parmi nos captifs et chacun d'eux finit par réfléchir aux chances de succès que pouvait avoir la promesse de l'étranger. Mais plus d'une heure s'était écoulée depuis sa visite et déjà madame Germain marquait son impatience par les regards qu'elle lançait à son mari, et les mouvemens convulsifs de ses lèvres, bien qu'elles ne laissassent échapper aucun son. Germain se détournait comme s'ils voulait éviter des reproches sur la confiance qu'il avait témoignée; les autres domestiques commençaient de nouveau à se désoler; Robert seul paraissait tranquille, et comprimait avec force les sentimens dont il était agité.

Tout à coup des cris effrayans retentirent dans la cour de l'hôtel.

« Vengeance ! s'écriaient trente forcenés, mort aux traitres ! marchons ! »

« Entendez-vous ? dit madame Germain, voilà l'effet des promesses qu'on

vous a faites; M. Charles avait raison, il fallait assommer cet homme......
Grand Dieu! les cris redoublent; ah! c'est fait de nous..... » Germain s'approcha de la croisée, et rendit compte de ce qu'il apercevait : les brigands , enivrés et presqu'en démence, parcouraient lacour, chacun d'eux tenant d'une main une bou-gie allumée, le sabre , le pistolet , ou la hache de l'autre, et s'emparaient des che-vaux qui étaient restés dans les écuries du Comte. Plusieurs essayaient de trans-porter des paniers de vin jusques aux carosses que l'on s'empressait d'atteler ; un seul semblait avoir conservé sa force, sa raison, et suppléer, par son adresse et son activité, au dénuement de facultés du reste. Après avoir rempli de paniers de vin trois voitures de luxe, attelées d'un seul cheval chacune, ils sortirent avec des hurlemens affreux, et se diri-gèrent vers le centre de Paris. Le silence alors se rétablit peu à peu ; néanmoins on apercevait encore quelques lumières

errantes ; mais n'ayant pas osé ouvrir la croisée dans la crainte d'attirer l'attention de ces misérables , Germain ne put distinguer ce qui se passait encore. Bientôt on entendit des pas se diriger vers la chambre de nos prisonniers , et la porte s'ouvrit. « Je viens de jouer à un vilain jeu , dit l'étranger (car c'était lui qui venait remplir sa promesse) , si nous leur donnons le temps de revenir ici aucun de nous n'échappera, ainsi dépêchons-nous ; prenez ce qui vous est nécessaire et partons lestement. » Après un moment d'hésitation, causé par la surprise, Robert se rendit promptement à la bibliothèque ; tous les meubles étaient brisés, mais le secrétaire dont l'extérieur imitait une série de volumes rangés en ordre et faisant suite à ceux que cette salle contenait, avait été épargné, ou plutôt inaperçu ; Robert y trouva effectivement les bijoux de madame de Surville , plusieurs *papiers esssentiels* réunis sous enveloppe, et un porte-feuille contenant une assez forte somme en effets sur Francfort, Hambourg et sur la banque d'Angleterre. Germain couvrit son habit d'une redingote, ensuite d'un manteau ; madame Germain avait fait un paquet d'une partie de la layette à l'usage de la petite fille avant d'avoir songé aux déshabillés qu'elle emporterait : enfin tous furent bientôt disposés à partir ; mais un nouvel incident vint troubler encore leur sécurité : une voiture venait de s'arrêter à la porte de l'hôtel et plusieurs voix se faisaient entendre sans qu'on pût comprendre ce qu'elles exprimaient. Robert et ses amis écoutaient en silence et tremblaient d'entendre un mot qui réalisât leurs craintes, lorsque l'étranger qui s'était absenté un instant vint les rejoindre et les rassura.

— Tout va bien, leur dit-il, en route, mes amis, nous sommes sauvés.

— Monsieur, dit Robert d'un ton suppliant, vous êtes humain et généreux, je ne puis en douter ; laisserons-nous les restes de madame de Surville exposés aux insultes des misérables qui, dites-vous, peuvent revenir dans cette maison ?

— Non, de par tous les saints, repartit l'étranger, j'y avais déjà pensé et je m'en charge, suivez-moi. Il s'empara alors du corps de madame de Surville avec autant de soin et de respect qu'il eut dût le faire lorsqu'elle tenait encore à la vie, ensuite, suivi de Robert et des domestiques, il descendit promptement le grand escalier, et se trouva bientôt à la porte cochère où un fourgon, portant le titre d'un régiment de hussards, les attendait, escorté de plusieurs militaires de cette arme. Les fugitifs, et surtout madame Germain, frémirent à cet aspect ; mais des cris étaient encore sortis de la cave au moment où ils avaient traversé la cour, et leur situation ne leur laissait plus le choix de moyens ; ils furent donc tous placés, ainsi que le corps de madame de Surville, dans ce fourgon qui fut soudain refermé sur eux.

Après une demi-heure de course, nos voyageurs, entassés dans la position la plus pénible, meurtris par l'effet des cahots, tourmentés par l'incertitude et la crainte, sentirent enfin la voiture s'arrêter, et bientôt le fourgon fut découvert. L'étranger, qui avait quitté une espèce de bonnet de police et une houpelande qu'il portait d'abord, était couvert d'un schakos et de l'uniforme des hussards qui l'accompagnaient. Il vint aider ses hôtes à descendre, en leur disant qu'ils pouvaient être sans inquiétude, que la caserne de l'Arsenal, dans laquelle ils allaient habiter pendant vingt-quatre heures, n'était occupée que par dix hussards dont il était le maréchal-des-logis, et dont il répondait comme de lui-même; ensuite il les conduisit dans une chambre à plusieurs lits, où il transporta également le corps de madame de Surville, et dans laquelle après avoir raisonné tristement sur les événemens de la journée et avoir pris congé de leur sauveur, Robert et sa suite se livrèrent au repos.

CHAPITRE II.

Il était à peine jour quand le maréchal-des-logis Georges Knopf, vint frapper à la porte de ses hôtes, les priant de la lui ouvrir; Robert satisfit à cette invitation, lui témoigna sa joie de le revoir et lui adressa de nouvelles expressions de sa reconnaissance. Après qu'ils se furent l'un et l'autre informés de la manière dont ils avaient passé la nuit, Georges continua ainsi :

— Avez-vous de l'argent, M. Robert?

— Mais, monsieur....

— Ne craignez pas de me parler franchement, je n'en veux point à votre bourse.

— Non, Monsieur , non, nous ne possédons absolument rien , interrompit madame Germain avec vivacité.

— C'est peu de chose , répartit Georges, mais tenez, voilà quatre louis dont vous disposerez pour votre nourriture; j'aurais bien accepté pour vous l'offre de mes camarades , qui voulaient vous donner la moitié de leurs rations de vivres , mais je sais que les gaillards ont bon appétit, et d'ailleurs ils ont le temps d'éprouver des privations.

— Brave homme! dit Robert, pardonnez-nous un instant d'hésitation , vous nous avez rendu de si grands services .... Rassurez-vous : nos ressources sont telles que , d'ici à long-temps , nous n'éprouverons aucun besoin d'argent.

— Il n'y a pas de mal dans tout cela; du reste , je ne vous donnais pas le fond de ma bourse; voici un cinquième louis que je gardais pour les frais d'enterrement de madame de Surville.

1.   2

— Et dites-moi, Monsieur, comment rendre les derniers devoirs à cette vertueuse dame, sans attirer l'attention publique, et sans nous livrer une seconde fois au pouvoir des agitateurs?

— Un de mes housards est parti, depuis deux heures, pour aller trouver son oncle, ancien curé de village, et qu'il sait être, en ce moment, caché dans une ferme des environs. J'attends son retour.

— Que d'obligations!

— Il fallait bien agir pour vous, puisque vous étiez dans l'impuissance de le faire. (Tirant alors Robert à l'écart.) A présent, que vous devez commencer à me connaître, me répondrez-vous franchement aux questions que je vais vous faire?

— Je vous le promets, dit affectueusement Robert.

— Quels sont vos projets?

— De solder les gages des domestiques qui m'ont suivi et que je ne puis conserver; ensuite de me rendre, avec les enfans, madame Germain et son mari seulement, dans un petit domaine que je possède en Franche-Comté, et que je tiens de la libéralité de M. de Surville.

— Dans quelle partie de ce pays?

— Près de Besançon.

— Croyez-vous qu'il vous sera facile d'obtenir les papiers et les voitures nécessaires pour vous rendre à quatre-vingt-dix lieues d'ici?

— Je ne sais comment on pourrait motiver le refus qu'on me ferait d'un passe-port, je ne suis pas d'une assez grande importance pour qu'on veuille me faire l'honneur de suspecter mes intentions; quant aux moyens de transport, je conçois qu'à cette époque cela présente des difficultés.

— C'est ce que je crois , et voici ce ce que j'ai à vous proposer , vous agirez après comme vous le trouverez convenable : M. de Surville est décrété d'accusation ; il a, en outre, un ennemi qui paraît lui vouloir beaucoup de mal, et qui, par conséquent, peut lui en faire ; en ce moment, la mauvaise intention est une puissance réelle. Cet homme, voyant sa proie lui échapper, peut faire retomber sur les amis du Comte la colère et la rage qu'il en éprouve. On peut aussi vous forcer de prendre un parti peu d'accord avec vos espérances, qui sont de tenir lieu de père à cet enfant et de l'élever convenablement ; vous êtes jeune, on peut vous contraindre à prendre les armes.

— Cela est vrai, j'ignore même à qui je dois d'être encore libre.

— Sans doute à l'incertitude où l'on est, et où vous êtes vous-même sur votre naissance.

— Comment se fait-il que vous sachiez.....

— Revenons à ce que je disais d'abord : il serait prudent de ne point vous exposer à la vue et aux recherches malveillantes de Lazarre, car c'est lui qui s'acharne à poursuivre M. de Surville et tout ce qui l'intéresse.

— Je ne le connais pas. Quel est donc ce méchant homme?

— Nous y reviendrons. Ecoutez ceci, en attendant, pour vous et ceux qui vous accompagnent : je suis envoyé à Paris, par mon colonel, avec trois fourgons, pour y prendre les effets d'équipement, nécessaires à mon corps qui se remonte à Béfort; ma feuille de route me force à passer par Besançon, où je dois prendre de nouveaux effets : si vous voulez consentir à voyager à petites journées, et aussi commodément qu'il nous sera possible de vous placer dans ces voitures, je vous conduirai à votre destination.

— Est-il possible! quoi, Monsieur, vous auriez la bonté.....

— Pourquoi pas?

— Ah! croyez que ma reconnaissance.....

— Pas de protestations, une réponse :
vous consentez ?

— En doutez-vous ?..... de tout mon
cœur.

— N'en parlons plus. Autre chose :
avez-vous pris les papiers qui se trouvaient dans un secrétaire de la bibliothèque de M. de Surville, et dont le dossier portait en titre : *papiers essentiels?*

— Oui, Monsieur, les voici; mais ce
dossier est cacheté.

— Il me reste maintenant à vous prouver que ces papiers doivent m'être remis, et cette lettre vous tiendra lieu de
décharge.

— Georges présenta à Robert une
lettre ouverte, conçue ainsi qu'il suit :

« Mon cher de Surville, je te remercie
» des détails que tu me donnes sur Ro-
» bert, et sur mon fils Charles; tu as bien
» fait de prendre des mesures contre
» les incursions que l'on pourrait faire
» chez toi, et de placer les *papiers es-*
» *sentiels* dans le secrétaire de la biblio-

» thèque. On ne saurait, en un tel
» temps, prendre trop de précautions,
» ni avoir trop de prudence. Cependant
» je désire alléger un peu les embarras
» que je te donne, en te priant de re-
» mettre ces papiers au maréchal-de-lo-
» gis dont je t'ai déjà parlé, le brave
» Knopf, qui est envoyé en mission dans
» la Capitale; tu peux aussi lui confier
» mon Charles que je brûle d'embrasser;
» je te le renverrai aussitôt qu'une oc-
» casion convenable se présentera. Je
» laisse à mon brave Georges le soin de
» t'instruire des progrès que j'ai faits
» dans l'estime de nos chefs, et de ceux
» de mon avancement; adieu, embrasse
» pour moi ta bonne et chère Sophie, et
» reçois tous les vœux de mon cœur. »

BELMONT. »

— J'ai souvent entendu parler de
monsieur de Belmont à M. de Surville, dit Robert, je sais qu'il est le
père de Charles, et je ne balance pas à
céder à vos réclamations; mais j'ignorais

usqu'à ce jour que ce gentilhomme me portât quelque intérêt.

— Oh! c'est qu'il aime naturellement tous ceux qui aiment son..... son ami.

Robert remit les papiers à Georges et celui-ci s'absenta un instant, pour aller les placer dans son porte-manteau. Pendant ce temps, Robert acquitta le Comte envers ses gens, et, après avoir reçu d'eux le témoignage des regrets qu'ils éprouvaient en le quittant, il vint communiquer à Germain et à sa femme le plan qu'il venait d'arrêter avec son nouvel ami. Ce ne fut pourtant qu'avec beaucoup de peine que l'on fit consentir madame Germain à faire un aussi long voyage avec des hussards et dans un fourgon; il fallut même lui exagérer les dangers qui résulteraient de toute autre alternative; enfin, après avoir répandu quelques larmes, offertes au souvenir de la berline de son maître, et murmuré contre la circonstance et les *hommes d'aujourd'hui*, elle se résigna.

Georges rentra dans la chambre, suivi de l'un de ses hussards, et d'un
homme dont l'âge, l'air de franchise et
les traits vénérables, inspiraient à la
fois le respect le plus profond et la plus
deuce confiance; ce dernier fit connaître
en peu de mots les difficultés qu'on éprou-
verait de la part des autorités civiles de
son village, pour les faire consentir à
donner la sépulture à madame de Surville: ne pouvant lui-même lui prêter
publiquement les soins de son ministère;
mais, ajouta-t-il, j'ai trouvé les moyens
de rendre les derniers devoirs à la Comtesse. Il engagea alors ceux qui l'entouraient à le seconder dans ses prières, et,
se prosternant près du corps, implora le
ciel avec une sainte ferveur. Après avoir
prononcé ses oraisons, il se tourna vers
son petit auditoire, lui adressa quelques paroles consolantes, unies aux
plus sages conseils, lui donna sa béné-
diction, et invita Georges à faire transporter les restes de madame de Surville

2*

dans une ferme attenante à son ancien
presbytère, lieu qu'il habitait secrètement et dont les habitans lui étaient de-
voués, aussitôt que la nuit commencerait. On promit de suivre ce conseil, et il
prit congé de Robert et de Georges,
recommandant à celui-ci d'être l'ami
de son neveu, de veiller à ce qu'il se
conduisît toujours en honnête homme
et en brave militaire.

« J'espère, ajouta-t-il, qu'il sera fidèle
aux lois de l'honneur ; il est d'ailleurs à
une bonne école ; personne ne doit
ignorer que, surtout dans ces jours de
calamités, presque tous les sentimens
généreux sont allés se réfugier dans le
rangs de nos braves. » Et il se retira.

On s'occupa des préparatifs de la
translation du corps de la Comtesse, et
dès que la nuit commença à répandre
ses ombres, il fut de nouveau placé dans
le fourgon qui, accompagné de Georges
et de Robert auquel le premier avait fait
endosser l'uniforme de son régiment,

arriva bientôt à la ferme habitée par le bon Curé ; celui-ci attendait à la porte : ordonnant à quatre hommes qui se trouvaient près de lui, de descendre le corps, il l'accompagna dans une chapelle souterraine, où le respectable ecclésiastique continuait, en dépit des persécuteurs des ministres de la religion, à célébrer les saints mystères de son culte. Là il récita des prières analogues à cette triste cérémonie, fit ensuite transporter et placer la Comtesse dans cette même chapelle, sa dernière demeure.

Robert le pria de faire poser une pierre funéraire sur la tombe de madame de Surville, lui donna une somme nécessaire à cet effet, et voulut récompenser, selon l'usage, les soins de son ministère ; mais il s'y refusa positivement, et n'accepta qu'un petit secours destiné aux pauvres du lieu ; enfin les deux amis prirent congé du vertueux pasteur et retournèrent vers la Capitale, sans que l'un deux interrompît le silence de l'autre.

En arrivant à la caserne, Georges trouva réunis tous les effets d'équippement qu'il devait conduire à son corps, et prévint sa petite troupe que l'on monterait à cheval à cinq heures du matin, pour prendre la route de la Franche-Comté; tous les effets militaires furent placés dans deux fourgons, et le troisième fut disposé de manière à ce que madame Germain, son mari, la petite fille et Charles se trouvassent le moins mal possible, pendant la longue traite qu'ils avaient à parcourir; Robert devait conserver l'uniforme, voyager à cheval, et se mêler à la troupe de Georges Knopf.

Revenons maintenant à M. de Surville qui, toujours accablé de la plus profonde douleur, inconsolable du passé, effrayé de l'avenir, passant les journées dans les bois, et les nuits à voyager, continua ainsi sa route jusqu'à deux lieues environ de la ville de Metz, où une pluie abondante, le froid, la fatigue et la faim, le contraignirent de s'arrêter près d'une chaumière isolée, pour y demander un abri et quelque nourriture : il était trois heures du matin, et le silence qui régnait prouvait assez que tout, dans cette maison, était livré au plus profond sommeil. Durand frappe à la porte plusieurs coups, sans que personne songeât à lui répondre ; il redouble et menace d'employer la force pour s'introduire, si l'on ne vient promptement lui ouvrir ; bien persuadé que si la chaumière était habitée, la mauvaise volonté des locataires s'opposait seule à ce qu'il reçût une réponse ; enfin, une voix tremblante et qui paraissait être celle d'une femme, lui prouva que si l'on n'était pas obligeant dans ce pays, on cédait du moins à la crainte.

— Que voulez-vous, Messieurs, à une pareille heure ?

— Du pain, répondit Durand, du

pain qui vous sera bien payé, et quelques heures de repos près de votre foyer, voilà tout : nous sommes de braves gens et nous ne voulons que du bien à notre prochain; ouvrez donc promptement.

— Hélas ! mes bons Messieurs, vous ne trouveriez pas une miette dans toute notre maison, ainsi je vous engage à continuer votre route.

— Cela est bien facile à dire, mais je vous répète que nous avons besoin de repos, et même de chaleur; vous ne voudriez pas refuser un abri à deux pauvres voyageurs hors d'état de continuer leur chemin ?

— J'en suis bien fâché, mais je ne vous ouvrirai pas.

— C'est donc votre dernier mot ? continua Durand.

— Décidément.

— En ce cas, voici ma dernière prière. Et plaçant son épaule droite contre la porte, il la poussa avec tant de vigueur,

que la gâche se trouvait plus qu'à moitié
détachée, lorsque la même voix, se récriant sur cette violence, lui dit de s'arrêter, et que, puisqu'ils étaient de braves
gens, on allait leur ouvrir. Après dix
minutes d'attente, exposés à la pluie
qui redoublait depuis un instant, nos
voyageurs virent enfin briller une petite
lumière à travers l'ouverture causée par
les efforts de Durand, et bientôt la porte
s'ouvrit entièrement. Un peu de branches
sèches commençait à s'enflammer. A
peine l'hôtesse eut-elle considéré les deux
étrangers, qu'elle jeta un cri de désespoir, et tomba sans mouvement. M. de
Surville se précipita vers elle pour lui
donner des secours, tandis que Durand
ralumait la lampe qui s'était éteinte en
s'échappant des mains de cette femme.

Soit que son indisposition ne fût pas
bien sérieuse, ou que les habits mouillés
des voyageurs qui la secouraient, con-
tribuassent à lui rendre l'usage de ses
sens, elle revint bientôt à elle; mais ce

ne fut que pour se lamenter sur le malheur dont elle se croyait menacée.

— Hélas! mes bons Messieurs, croyez qu'il n'y a pas de sa faute, c'est moi, moi seule qui suis coupable; il voulait partir, je lui ai dit que j'en mourrais, et il est si bon fils! de grâce, mes bons gendarmes, ne lui faites point de mal!

— Qu'avez-vous, bonne femme? dit M. de Surville, je vois que vous nous donnez des intentions qui ne sont pas les nôtres.

— Quoi! vous ne venez donc pas pour arrêter mon Joseph?

— Et non, vraiment.

— En ce cas vous êtes bien les plus braves gens qu'on puisse voir. Ah'! mon Dieu! mes bons gendarmes, quelle peur vous m'avez faite! c'est que, voyez-vous, Joseph est tombé à la milice, il devait partir il y a quatre jours; et je l'ai forcé de se cacher chez un de nos voisins, en attendant que le gouvernement l'ait oublié, ce qu'il fera bientôt, il a tant d'affaires ! Mais comme la disette est grande, son père Gilles Balluet, tout vieux et infirme qu'il est, s'est rendu hier soir au village voisin, afin d'être ce matin de bonne heure chez le boulanger de la commune, avec son *coupon*, pour avoir un pain, et mon Joseph n'a pas voulu me laisser seule. Quand vous avez frappé, c'est lui qui voulait vous répondre, et j'ai été obligé de l'enfermer dans cette chambre pour l'empêcher de se compromettre ; mais grâce au ciel vous êtes de bons et de bien aimables gendarmes, vous ne voudriez pas.....

— Assez, assez, lui dit Durand, en rassurant à coup de marteau la gâche qu'il avait ébranlée, et en interrompant un débit dont la vivacité ne pouvait faire préjuger la fin ; tranquillisez-vous, ajoutez quelques branches à votre feu, et si vous pouvez me fournir un peu de fourrage pour nos chevaux, voici pour vous en payer : il lui jeta quelques assignats.

L'hôtesse convint alors qu'ayant fait à sa bourrique, pour l'hiver, une provision de fourrage recueilli sur le bord des chemins, il lui serait facile d'en distraire de quoi satisfaire à l'appétit des chevaux qu'elle avait *l'honneur d'héberger*; elle fit ensuite sortir Joseph, qui parut honteux de sa situation, et lui ordonna d'avoir soin des montures de ces Messieurs, et de les placer sous le hangar; elle jeta de nouvelles branches sur le feu, et mit ensuite dans la cendre une douzaine de grosses pommes de terre qui bientôt servirent à restaurer nos deux voyageurs.

Ce repas fut bientôt terminé; M. de Surville, cédant à la fatigue, s'appuya sur une petite table de chêne, croisa ses deux bras sous sa tête appesantie, et s'endormit profondément; Durand eut alors avec madame Gilles Balluet la conversation suivante :

— Votre ami ne songe déjà plus au mauvais temps.

— Parlez bas, Mme Balluet, voilà plusieurs jours qu'il n'a pu dormir, et ce moment de repos est une bonne fortune pour lui; mais dites-moi, combien y a-t-il d'ici au village où votre mari est allé chercher du pain?

— Une bonne et grande lieue, à suivre tout droit le chemin que vous avez laissé à gauche en venant de la route à cette maison.

— Ne pourriez-vous pas me prêter votre bourrique pour aller jusqu'à ce village où je veux acheter quelques provisions? nous avons encore bien du chemin à faire, et je ne voudrais pas trop fatiguer mon cheval.

— M. le gendarme, vous aurez de la peine à dépenser votre argent dans cet endroit, il vaudrait mieux vous arrêter à Metz, si vous allez de ce côté, ou bien à....

— C'est précisément ce que je veux éviter, ainsi que vous ferez bien aussi de ne plus parler de votre fils, avec autant de confiance, à tous autres gendarmes que nous.

Madame Balluet, qui voulait d'abord éluder de satisfaire à la demande de Durand, fut rappelée à ses craintes par ce conseil, et ne balança plus.

— Vous avez bien raison, Monsieur, il faut bien faire attention à ce qu'on dit et devant qui on parle, c'est ce que ma mère me répétait souvent aussi.

— N'avez-vous pas quelque vieux chapeau à me prêter? je crains que le galon du mien n'épouvante encore quelqu'un.

— Voici celui de mon fils, ah! mon Dieu! il est trop étroit.... Ce bonnet de laine rouge,..... c'est le bonnet *de la liberté* que mon fils portait quand il a tiré et qu'il est tombé à la milice.

— C'est très-bien ; je prends mon manteau, car tout mouillé qu'il est,.... le temps est si mauvais.

— Voilà la bourrique, Monsieur,...

Voyez un peu, vos pieds vont plus bas que les siens! ployez les genoux, bien, c'est cela;... à revoir, M. le gendarme, bonne chance. Durand s'éloigna au petit trot de sa petite monture, et madame Balluet; ainsi que Joseph, rentra dans la chaumière où M. de Surville continuait à dormir.

— Savez-vous, ma mère, que si ces messieurs avaient été des gendarmes, ce n'est pas ce que vous avez dit qui m'aurait sauvé de leurs griffes.

— C'est bien vrai, mais vois-tu, j'avais perdu la tête; au reste, tu crois donc que ce ne sont pas des gendarmes?

— Non, sans doute, je l'ai vu d'abord aux harnais de leurs chevaux, et puis ensuite à leurs habits.

— C'est ma foi vrai, ce n'est pas des habits *à la nation* (1), dam! c'est peut-être des gendarmes déguisés.

____

(1) On appelait ainsi les nouveaux uniformes.

— Pour cela, c'est bien possible ; raison de plus pour nous en défier, et vous avez joliment jasé ! ce n'est pas que, sans vous, j'aimerais autant aller à l'armée que de rester ici à mourir de faim.

— Ah ! mon pauvre Joseph, ne me parle plus comme cela, je te l'ai déjà dit, tu me ferais mourir de chagrin. Ecoute, mon ami, puisque ma chienne de langue n'a pu rester tranquille, retourne chez le cousin Laroue, avant que cet homme ne s'éveille et que l'autre ne revienne ; reste caché là, jusqu'à ce qu'ils soient partis tous deux, et que je t'en fasse prévenir.

— Je ne puis vous laisser seule avec ces étrangers.

— Je t'en prie, mon petit Joseph ; obéis-moi encore cette fois-ci, après cela tu verras que je ne jaserai plus ; d'ailleurs, voici le jour, tu ne dois plus rien craindre pour moi, et c'est le moment de te retirer, car on viendrait plutôt te chercher ici qu'ailleurs.

Ils n'avaient pu parler assez bas pour que M. de Surville continuât à reposer, il entendit la fin de cette conversation, et engagea Joseph à suivre les conseils de sa mère.

Le Comte avait une physionomie qui, sans être ce que l'on appelle agréable, annonçait un caractère ouvert et plein de loyauté; ses traits, bien qu'irréguliers et petits, en proportion de sa taille qui était au-dessus de la médiocre, avaient l'expression de la plus douce bienveillance.

Joseph, rassuré par ses manières et ses discours, crut devoir céder, et sortit, après avoir embrassé sa mère, et salué gauchement M. de Surville.

Le Comte, en s'éveillant, avait aussi recouvré le sentiment de ses peines; le souvenir de son épouse, de sa chère Sophie, dont il n'avait pu recueillir les derniers accens et le dernier soupir; ses craintes paternelles, l'inquiétude qu'il éprouvait sur son propre avenir et sur le sort des êtres qu'il affectionnait, enfin les plus tristes pensées venaient assiéger son esprit.

Absorbé par ces douloureuses réflexions, il répondait à peine quelques mots au babil continuel de madame Balluet, et plus d'une heure s'était écoulée depuis le départ de Joseph, avant qu'il songeât à demander où était Durand.

Son hôtesse lui expliqua, aussi longuement que possible, la démarche entreprise par ce dernier, les difficultés qu'il aurait à se procurer des provisions, la complaisance qu'elle avait eue de lui prêter *Fanchon,* et termina par quelques réflexions assez piquantes sur la tournure grotesque du fidèle piqueur.

En effet, Durand, né Franc-Comtois, n'était pas de ces hommes qui se perdent dans la foule, et qui, par leurs dehors insignifians, échappent à l'analyse de l'observateur; il pouvait avoir trente ans, sa taille était de cinq pieds, sept

pouces environ , les épaules larges, voû-
tées, et peu en harmonie avec la mai-
greur du reste de son corps; sa figure
longue était grêlée et brûlée par le soleil; ses yeux ronds, noirs et brillans,
étaient surmontés de deux larges sourcils bruns, ceux-ci se confondant avec ses
cheveux lisses qui d'abord tombaient
sur son front, et venaient ensuite se réu-
nir en gros *catogan* derrière son cou ;
il portait habituellement un col serré,
un habit bleu étroit, et fait *à la Française* , une veste longue, dont les deux
poches, se séparant vers le centre du
corps et inclinant vers les hanches, con-
tenaient ordinairement son mouchoir,
sa tabatière, sa bourse, un gros cou-
teau fermé et une pelotte de ficelle ;
enfin, une culotte de peau de daim bien
collante, et des bottes à revers jaunes
terminaient son acoutrement inférieur;
mais ce fut couvert du large manteau
qui l'enveloppait ainsi que sa monture,
et coiffé du bonnet de laine rouge de

Joseph, qu'il arriva au village, but de sa course.

Il était grand jour, et la pluie n'avait pas entièrement cessé; une foule considérable d'habitans, dans la boue jusqu'aux jarrets, était réunie devant la maison du boulanger. La distribution se faisait à travers un petit guichet; les plus robustes parvenaient seuls à se faire place en écartant les plus faibles, sans différence de sexe ni d'âge, et favorisaient ensuite ceux de leurs amis dont ils pouvaient distinguer les prières au milieu du tumulte causé par les plaintes, les cris et les vociférations de ce peuple affamé.

Durand, à la vue de ce spectacle, hésite un moment à se mêler avec ces malheureux ; mais le souvenir des besoins présens et futurs de son maître le détermine; il attache sa monture au barreaux d'une maison voisine, dépose son manteau sur sa croupe, s'élance au milieu de la foule et parvient bientôt à écarter jusqu'à ceux qui s'étaient établis, par la loi du plus fort, les protecteurs du reste.

— Ton coupon, lui dit le distributeur en l'examinant.

— Le voilà, répliqua Durand, en lui mettant un louis d'or dans la main.

— Deux pains, répliqua le premier, en cachant furtivement dans son gousset cette pièce d'un métal très-rare, prohibé même à cette époque, et feignant d'examiner un des coupons qu'il tenait comme s'il venait de le recevoir.

Durand ne songea plus alors qu'à sortir promptement de la presse où il se trouvait, et sa force lui en fournit les moyens.

Cependant ceux qu'il avait écartés, humiliés de leur défaite, d'autres encore, mécontens de n'avoir pu parvenir jusqu'au guichet, un sentiment de jalousie si naturel à tous les hommes, lui attirèrent bientôt un débordement d'injures, auquel il résolut d'abord de ne point répondre ; mais ces injures furent soudain accompagnées d'effets plus sérieux.

— Il n'est point de ce pays , dit une vieille femme, en lui jetant une poignée de boue.

— C'est un accapareur ! criaient plusieurs paysans, en lui lançant des pierres ; ces deux pains sont à nous, il faut qu'il nous les rende !

Conduisons-le chez 'ß, Maire , disaient les moins furieux.

— C'est un aristocrate, s'écriait un petit homme avec un accent étranger (1) : il faut l'assommer.

— C'est bien autre chose, dit alors un vieillard valétudinaire : c'est un voleur ; je reconnais ma bourrique, et le bonnet de mon fils, qu'il a sans-doute enlevés cette nuit pendant que ma femme était

---

(1) Chacun sait maintenant que presque tous les attentats partiels qui se commirent dans la révolution furent suscités par des hommes étrangers à la France. (*Voyez* Dulaure.)

seule, Dieu sait s'il n'a pas commis un plus grand crime!.....

— Plusieurs hommes se détachèrent alors de la foule, ils s'avancèrent vers Durand qui se disposait à enfourcher sa monture, le saisirent par le manteau dont il venait de se recouvrir, et sous lequel l'un de ses bras serrait étroitement ses deux pains.

Ce fut avec la plus grande douceur qu'il voulut expliquer comment il se trouvait possesseur momentané de ce qu'on l'accusait d'avoir soustrait; mais cette douceur ne fit qu'enhardir les furieux; sa voix, quoique très forte, ne put se faire entendre; déjà son manteau lui était enlevé et les coups lui arrivaient de toutes parts. Ainsi poussé à bout, notre franc-comtois saisit par la cravate l'un de ses assaillans les plus acharnés: se dégageant des autres par de fortes ruades, il enleva celui-ci, et tournant sur lui-même avec vitesse, il s'en servit comme d'une fronde pour écarter ses ennemis.

Cette action vigoureuse intimida les plus mutins ; profitant alors du premier moment de leur surprise, Durand s'élança vers une partie du cercle formé autour de lui, et le franchit moyennant une trouée occasionnée par la chute du moribond, dont il s'était fait devancer.

— Notre lecteur pense bien que le vainqueur n'attendit pas alors qu'on lui rendît sa monture et son manteau, pour reprendre le chemin de la chaumière.

CHAPITRE III.

Durand avait vu tomber deux de ses antagonistes sous le corps presque sans mouvement de celui qu'il avait lancé contre eux, et songeant que la fuite était le parti le plus sage qu'il eût à prendre, il cheminait à grands pas dans la direction de la chaumière, lorsqu'après vingt minutes de marche, il entendit le galop d'un cheval dont la course se dirigeait vers lui ; il serre plus fortement ses deux pains, qu'il n'avait point abandonnés, arrache d'une haie voisine un gros gourdin de hêtre, et se dispose à faire bonne contenance. Il ne fut pas long-temps sans voir de près l'ennemi auquel il avait à faire ; mais celui-ci était loin de se douter qu'il eût été remarqué parmi les acteurs de la scène qui venait d'avoir lieu. Durand reconnut un petit homme de vingt-cinq ans à peu près ; taille de cinq pied tout au plus ; maigre, pâle, à la chevelure rousse et crépue, aux yeux enfoncés dans leur orbite et privés de sourcils, aux lèvres aplaties et décolorées, à l'accent germanique : celui, enfin, qui venait naguères de conseiller qu'on assommât cet aristocrate qui maintenant se mettait en défense, et qu'il n'abordait qu'avec une extrême précaution. Déjà il avait mis son cheval au petit pas, lorsque, l'arrêtant à une distance de dix pas, il crut prudent de disposer en sa faveur son colossal et formidable ennemi.

— Je me flatte, citoyen, que tu ne penses pas que je te suive avec de mauvaises intentions?

— C'est, sans doute, ce que tu vas prendre la peine de m'expliquer.

— Avec plaisir, si toutefois tu me promets de me traiter avec amitié, me permettant de t'approcher, sans me témoigner tant de défiance.

— Quant à te traiter avec amitié, c'est ce que nous verrons plus tard; en attendant, fais avancer ton cheval, qu'il prenne un côté du chemin et marche aussi vite que moi, car je n'ai pas le temps de m'arrêter.

— Très-volontiers, citoyen, répliqua le petit homme, en poussant son cheval jusqu'à la hauteur de notre franc-comtois, dont il ne fut plus alors séparé que par deux ornières. J'espère, ajouta-t-il, qu'avant peu nous serons les deux meilleurs amis du monde : tu sauras d'abord, que je me nomme André Gift, né à Salzbourg, souveraineté d'un évêque légat du St.-Siége dans toute l'Allemagne ; j'ai eu le malheur de désobéir à mon père qui voulait me faire prêtre pour favoriser mon frère aîné : ce qui est cause qu'en ce moment je suis en France où mon projet est de prendre du service dans l'armée.

Durand le fixa, et ne put retenir un sourire de pitié en faisant l'analyse de ses formes.

— Ne ris pas, citoyen, ajouta Gift, il ne faut pas être un géant pour montrer de l'héroïsme : je pourrais à cet égard te faire de nombreuses citations ; mais ce n'est pas de cela dont il s'agit. Je me trouvais par hasard dans le village d'où tu sors, j'ai été témoin de l'affreux traitement que tu as éprouvé, et je viens t'offrir les moyens de te venger de ces butors de paysans, et surtout de celui qui est le plus coupable envers toi.

— Oui da ! et comment cela, s'il te plait ?

— En attendant que l'on m'accorde

une lieutenance, on m'emploie en qualité de commissaire secret, revêtu de pouvoirs propres à requérir la force publique, afin de contraindre les miliciens réfractaires à joindre l'armée ; la brigade de gendarmerie est éloignée de cet endroit, et mon cheval est fatigué. J'ai pourtant découvert aujourd'hui que le milicien Balluet, qui est le fils de celui qui t'a désigné comme voleur, était caché dans la maison de l'un de ses cousins, maison que tu aperçois sur cette hauteur. Tu es robuste, courageux, viens m'aider à faire cette capture, et je t'offre la moitié de la récompense attribuée à ces sortes d'opérations.

— Ma foi, je conviens que cela est bien tentant : si tu veux m'accompagner jusqu'à la maison de ce Balluet, où je dois remettre ma provision, je te donnerai une preuve de l'estime que j'ai pour les braves gens de ta sorte : car, autant que je puis le voir, tu es un homme *secrètement utile* au gouvernement, ajouta **Durand**, en appuyant sur ces derniers mots.

— Je vois que nous nous entendons, repartit Gift, interprétant à sa manière les paroles de Durand, et continuant avec un ton confidentiel : tu sens bien qu'il faut faire quelque chose, on ne vit pas d'air, encore moins en prison qu'ailleurs ; or, si j'étais resté dans mon pays, mon père me faisait coffrer pour mes fredaines, ou me reléguait dans un couvent, ce qui est la même chose. J'ai donc voyagé en Prusse pour mon instruction et maintenant me voici en France ; on m'offre le moyen d'y bien vivre, en récompense de mes services ; j'ai tant par *mission ;* grâce au talent que je déploie, tous les jours on m'en offre de nouvelles, et de plus d'un genre, entre nous ; j'ai même l'autorisation de faire des adeptes dans ma partie : que cela te convienne, et je te proposerai, si tu n'es déjà des nôtres ; mais peut-être aussi travailles-tu pour l'étranger ?.....

— En vérité, citoyen Gift, je ne sais trop ce que je dois te répondre, ta confiance et tes questions m'étonnent un peu.

— Quant à ma confiance, elle ne doit pas te surprendre; n'ai-je pas aussi la tienne? Ne sais-je pas que tu viens de tuer un homme, et d'en estropier deux ou trois (1). Tu n'es pas de ce pays, tu y viens donc dans un dessein quelconque, et il ne peut être que de servir un parti : soit celui de la noblesse de France, qui se refuse à reconnaître le gouvernement actuel, soit celui des puissances étrangères dont les agens sont soldés pour fomenter des troubles, aigrir les esprits, soudoyer les faibles, irriter les forts, et organiser, enfin, une belle et bonne guerre civile; du reste, quels que soient tes desseins, il est

____

(1) Nous prévenons le lecteur qu'il est faux que le combat de Durand ait eu des suites funestes.

de ton intérêt de te confier entièrement à moi : je puis te perdre ; mais j'ai besoin d'un second pour marcher plus vivement à la fortune, et tu me conviens ; sois donc bon enfant, laisse-toi conduire, nous travaillerons de compagnie, nous moquant au besoin des grands qui nous emploient, et de ce peuple imbécile dont nous ferons notre jouet.

Durand avait eu de la peine à contenir son indignation pendant le discours de Gift ; mais il sentait aussi le danger qu'il y aurait à irriter un pareil reptile ; pendant qu'il refléchissait aux moyens de lui celui-ci, se méprenant encore sur son silence, ajouta d'un air persuadé.

— Allons, je crois que nous voilà d'accord, qu'en dis-tu ?

— Oh ! mon parti est pris, répliqua Durand ; il me tarde seulement d'être arrivé à la chaumière de Balluet, et de te donner ensuite des preuves de ma reconnaissance.

— Que diable vas-tu faire dans cette

bicoque ?..... Ah! je commence à comprendre ,..... et la colère du vieux mari ne me laisse plus de doute;..... dans le fait la citoyenne Balluet est très-bien encore;..... elle a, au plus, trente-six à trente-huit ans, je l'ai vue en passant, il y a quelques jours; mais tiens, puisque tout est convenu entre nous, monte en croupe, nous arriverons plus vite.

M. de Surville s'était endormi de nouveau près du feu de madame Balluet lorsqu'il fut réveillé par le colloque suivant entre Gift et Durand.

— Pourquoi fermes-tu la porte et en prends-tu la clef?

— C'est afin de m'assurer *du commissaire secret, de l'homme à missions.*

— Que veux-tu dire?

— Ah! peu de chose; il s'agit seulement de me montrer l'ordre qui t'autorise à requérir la force publique pour faire partir les miliciens, notamment le fils Balluet que tu dis être en ce moment caché dans la maison de son cousin.

— De quel droit exiges-tu ce titre ?

— Du droit qui m'a débarassé des paysans qui voulaient m'assommer tout à l'heure : allons, ne fais pas le méchant, ou je trouverai le moyen de te mettre à la raison.

— C'est une indignité. citoyen ; mais je veux bien te satisfaire, dit Gift, en tirant de sa poche un gros porte-feuille de maroquin vert, rempli d'assignats et de différentes lettres.

— Voyons tout cela, ajouta Durand, en le lui arrachant vivement.

Le commissaire secret, se récriant, voulut faire quelques efforts pour resaisir le porte-feuille ; mais un regard et un geste de son antagoniste, le firent reculer de trois pas, et il garda le silence.

—Tiens voilà *tes banco* (1) lui dit Durand, en lui remettant son papier-mon-

____

(1) C'était le nom que l'on donnait à une espèce de papier-monnaie alors en circulation.

naie. Dites-moi, madame Balluet, cette chambre voisine , communique-t-elle avec le dehors ?

—Non , citoyen ; il n'y a qu'un carreau de vître, où tu ne pourrais passer la tête.

— En ce cas, pendant que nous allons examiner ces papiers, monsieur Gift, veuillez passer dans ce cabinet, où je vais vous enfermer ; songez surtout que si vous faites le moindre bruit, ou le plus petit effort pour en sortir, il y va de votre vie.

Gift obéit en tremblant, et vit la porte se refermer sur lui.

Le Comte, jusque là muet témoin de cette scène, demanda à son fidèle Durand l'explication de cette action étrange ; celui-ci lui rendit compte succinctement de tous les événemens de sa matinée : de sa conversation avec le commissaire, de ses soupçons sur la nature de son emploi, et enfin, du parti que l'on pouvait tirer de son arrestation momentanée. Madame Balluet, sachant alors les dangers que son fils avait courus, se hâta d'aller le prévenir de changer de retraite, et, pendant ce temps, le Comte et son valet examinèrent les papiers de M. Gift.

Plusieurs de ces papiers étaient une réunion de notes sur les courses et les dépenses du commissaire, l'un d'eux était un ordre des magistrats de Metz, revêtu de la signature d'un représentant de la nation ou plutôt des puissances révolutionnaires, qui autorisait André Gift à voyager dans toutes les parties de la France comme agent secret du gouvernement, et à requérir au besoin la force armée pour l'exécution de ses ordres particuliers ; l'autorisant d'ailleurs à prendre tel titre et tel déguisement qu'il croirait convenable. Deux lettres écrites en allemand (M. de Surville connaissait cette langue) attestaient qu'il était en outre émissaire du cabinet de Berlin, et qu'il remplissait le double emploi de mouchard pour le gouvernement français et d'espion pour la Prusse.

Après cet examen, Durand entra chez son prisonnier, lui remit son porte-feuille, en lui faisant observer qu'il con-l'ordre qui le constituait commissaire ainsi que les deux lettres diplomatiques allemandes.

— Vous voyez, ajouta-t-il, que votre sort dépend de ma discrétion ; promettez-moi quels que soient les moyens qui pour-raient vous être offerts, de ne point quitter cette maison avant la nuit, et je vous promets à mon tour que vous n'en-tendrez jamais parler de moi, ni de vo-tre correspondance passée avec nos amis les Prussiens.

Gift, saisi de crainte, jura qu'il sui-vrait ponctuellement ce qui lui était or-donné par Durand, et fut de nouveau renfermé seul et livré à ses réflexions. Durand revint alors près de son maître, brûla son chapeau de livrée, se couvrit la tête de son mouchoir, se revêtit d'une roulière qui se trouvait accrochée près de lui, en déposa la valeur en numéraire dans le lit de ses hôtes, pressa son maître, à voix basse, de sortir promptement de la chaumière, ensuite lui présenta son cheval, attacha les deux pains sur le sien, en les recouvrant de paille à laquelle il donna la forme d'une bourriche, et suivit bientôt le Comte loin de cette habitation, enchanté de l'expédition qu'il avait terminée.

Après avoir fait trotter sa monture environ une demi-heure, Durand tira une corde de sa poche, la présenta à M. de Surville et le pria de lui attacher les mains derrière le dos.

— Y pensez-vous, Durand; quel singulier caprice!

— C'est mieux que cela, Monsieur, vous êtes maintenant M. André Gift, gendarme, commissaire, tout ce que vous voudrez, et moi je suis un voleur, un déserteur, un aristocrate, tout comme il vous plaira encore; mais enfin vous me conduisez à Mayence où je dois passer au conseil de guerre.

— Bon Durand, dit le Comte avéc admiration et ne pouvant retenir ses larmes, comment pourrais-je consentir à vous humilier de la sorte, vous !......

— M'humilier? J'en suis fâché, M. le Comte, mais nous ne voyons pas les choses du même œil, et selon moi vous refuseriez de m'honorer en vous opposant au sacrifice que je ferai d'un peu de vanité, à votre sûreté et à la mienne; après tout, je n'ai pas comme vous un tel mépris de la vie que je veuille bien l'exposer à tout événement, quand je puis m'en dispenser; ainsi donc, que ce soit pour moi seul; attachez.

— Mon cher Durand,...... quelle générosité !

— Attachez, je vous prie.

— Non, je ne puis y consentir.

— Attachez donc; je vois venir des troupes, et je vous répète que je veux encore vivre..... C'est bien; maintenant, emparez-vous de la bride de mon cheval et marchons.

Ce fut avec peine, pourtant, que M. de Surville finit par céder à la prière de Durand, et, après cette transformation, tous deux continuèrent leur route vers la frontière.

Retournons maintenant à la caserne. A quatre heures du matin, Georges vint réveiller ses hôtes, et, comme ils s'étaient couchés à peu près habillés, leur toilette fut prompte; ils descendirent avec leur petit bagage, et bientôt, placés dans leur fourgon, tous furent agréablement surpris de son arrangement intérieur : une vieille banquette rembourrée et suspendue avec des courroies, avait été préparée pour madame Germain; plusieurs bottes de paille, recouvertes d'un manteau, lui tenaient lieu de dossier; Charles et Germain, lui faisant face, étaient placés de même assez commodément; des peaux de mouton, enlevées des selles de hussards que l'on transportait, devaient les garantir du froid. Robert, revêtu de l'uniforme, se réunit à l'escorte, à côté du digne et brave Georges Knopf, et le convoi se mit en route.

Lorsque l'on fut sorti des murs de Paris, notre faux hussard qui, bien pénétré des bonnes intentions et de la franchise de Georges, désirait obtenir quelques éclaircissemens, rapprocha son cheval de celui du maréchal des logis et lui parla ainsi :

— Je ne puis trop remercier la Providence qui vous a envoyé à notre secours, mais j'ignore encore par quel hasard vous vous trouvâtes avant-hier au nombre des furieux qui vinrent à l'hôtel.

— Rien de plus simple ; j'étais arrivé la veille, j'avais dû songer d'abord aux affaires de ma mission, ensuite à caserner mes hommes et à leur procurer des vivres et du fourrage ; j'étais harassé de toutes les courses que ces détails avaient nécessitées et mon intention n'était pas de voir encore M. de Surville. Cependant, je voulais être sûr qu'il m'admettrait le lendemain, et j'allais, en capote et en bonnet de police, déposer un billet chez son portier pour annoncer ma visite, lorsque je fus témoin de la première attaque de ces pandoures. Je vis bien qu'il serait inutile d'employer la force pour les mettre à la raison, et comme j'étais accompagné de Bernard, le neveu du Curé, je le dépêchai vers ses camarades afin de m'en amener quelques-uns, en lui recommandant le fourgon, pour ne point être arrêté en chemin comme patrouille; car on aurait demandé le mot d'ordre et nous ne le savions pas. Mais Bernard connaît peu votre ville; il s'égara plusieurs fois avant d'arriver à la caserne, ce qui, prolongeant son absence, me fit croire que nous serions privés du secours que j'espérais. En attendant je m'étais mêlé avec les hurleurs et je criais autant qu'eux. Mon accent alsacien et mes moustaches longues et rouges indiquant à peu près ce que j'étais, ils n'en furent pas moins enchantés de me voir parmi eux, et la scène du jardin vous a prouvé que j'avais pris un certain ascendant sur ces misérables. Mais avant cela je n'avais pu sauver deux valets indignement assassinés, cherchant ailleurs M. et madame de Surville, afin de les protéger. Vous savez ce qui se passa jusqu'au moment où je conduisis cette bande à votre cave; là je les enivrai de mon mieux, et, lorsque j'en vis la moitié tombée près des tonneaux, je profitai d'une conversation que j'avais entendue entre un nommé Lazare et l'un de ces scélérats, et qui m'avait appris que le premier, avec une partie de la troupe, devait guetter M. de Surville près de la maison qui lui servait de retraite, tandis que l'autre demeurerait à l'hôtel avec le reste. Profitant donc de l'absence que j'avais faite pour venir vous rassurer, je supposai, et dis hautement, en rentrant dans la cave, qu'un envoyé de Lazare, reparti sur-le-champ, venait de me prévenir que ce dernier avait saisi M. de Surville ; mais que maintenant une autre troupe tentait de le lui enlever, et qu'il réclamait le secours de ses dignes soutiens. Ceux-ci poussèrent alors des cris effroyables, et se disposèrent à partir ; mais, ne voulant pas se mettre en route comme nos armées, sans magasins, ils vidèrent une partie de la bibliothèque souterraine du Comte, ainsi que vous l'avez appris, après quoi ils s'éloignèrent. Je les accompagnai un instant dans la rue, et bientôt, échappant à leurs regards, je rentrai dans l'hôtel ; je refermai la cave sur ceux que leur ivresse y retenait dans un état complet d'insensibilité, et puis, le reste vous est connu.

— Oui, sans doute, répliqua Robert, brave M. Knopf, et je n'oublierai de mes jours tout ce que je vous dois.

— Et vous ferez bien, M. Robert, reprit Georges avec gaîté, car moi, je pourrais bien l'oublier. Puis l'examinant. Savez-vous que l'uniforme de houssard vous va le mieux du monde, M. Robert?

— Je vous avoue que, sans les obligations que m'impose mon cœur envers la fille du Comte, je ne voudrais plus le quitter.

— Je conçois cela, c'est sans doute un beau métier que celui des armes, mais il ne conduit pas toujours très-loin; par exemple, jugez par moi : j'étais trompette à seize ans, en voilà dix que je suis au service et je ne suis que maréchal des logis; calculez, d'après cela, combien il me faut encore de temps pour devenir capitaine; il est vrai que je sais à peine signer mon nom, mais je donne très-bien un coup de sabre et cela doit compter pour quelque chose; du reste, je n'ai pas grande ambition.

— Vous avez tort, M. Knopf, quand on a vos sentimens on doit désirer commander aux hommes, puisqu'on ne peut leur ordonner que le bien.

— Il est vrai que ma subdivision n'a jamais eu de reproches de mes chefs.

— Que ne puis-je en faire partie !

— Oh ! vous pouvez faire toute autre chose ; vous êtes savant, vous ; vous avez fait des études dans le premier collége de Paris, et avec cela.....

— Mais comment êtes-vous si bien instruit de tout ce qui me concerne ?

— Oh ! voyez-vous, M. de Belmont a de la confiance en moi ; c'est lui qui m'a appris que le Comte de Surville, dont il est l'ami, avait un frère aîné qui, vous ayant recueilli comme orphelin, vous portait beaucoup d'intérêt, et par l'intermédiaire du Comte, vous avait fait élever à l'insu du reste de la famille ; qu'enfin, victime des atrocités du 2 septembre, ce brave homme vous avait laissé sans autre appui que celui du Comte lui-même.

— Il ne vous a donc jamais rien dit qui pût vous faire deviner à qui je pouvais appartenir ?

— Je sais que votre mère était ita-lienne, qu'elle a terminé ses jours en France, et que le marquis de Surville, frère du Comte, l'avait connu dans un voyage qu'il fit à Naples : voilà tout ce que je puis vous dire..... Bernard! dites-donc à ce charretier de faire plus d'attention; il semble qu'il choisit le plus mauvais de la route..... » Georges quitta alors Robert sous prétexte d'examiner la marche de son convoi, laissant ce dernier enfoncé dans ses réflexions, et, de plus, persuadé qu'il serait inutile et même indiscret, d'ajouter d'autres questions à celles qu'il avait faites.

Le lecteur désire peut-être savoir comment se trouve madame Germain, une femme inspire toujours de l'intérêt; il la voit d'avance tempêtant contre son équipage, ses conducteurs, et contre *les hommes d'aujourd'hui*, et pourtant madame Germain vient d'entendre les recommandations de Georges aux charretiers; grâce aux soins du maréchal de logis, elle se trouve commodément, et plus à l'aise qu'elle n'aurait dû l'espérer; elle a eu le temps de se rappeler les dangers auxquels elle s'était vue exposée et sauvée par lui, elle commence à penser que tous les hommes indistinctement ne doivent pas encourir son indignation.

— Le brave homme, di! Germain, écoute, ma chère amie, quelles attentions!

— Certainement que c'est un brave homme, et je suis bien sûre à présent qu'il n'a jamais eu que de bonnes vues à notre égard.

— Tu sais que je te l'ai toujours dit, ma chère.

— Oui, vous me l'avez toujours dit, et c'était une raison pour que je m'en défiasse, Monsieur Germain; vous croyez trop facilement à la bonté du monde; parce que vous avez été élevé par le curé de votre village, parce que vous avez lu chez lui les livres de Voltaire, de Rousseau, et mille autres bêtises, dont vous parlez sans cesse, vous croyez que vous avez, à vous seul, tout l'esprit de votre siècle. Eh! mon Dieu! où tout cet esprit-là vous aurait-il conduit, si on ne vous avait fait apprendre l'état de perruquier, ce qui vous a mis à même de devenir un jour valet de chambre de Monsieur, et de m'épouser lorsque j'étais chargé du linge de la maison. Tenez, vous feriez beaucoup mieux d'oublier tous vos faiseurs de romans, et de vous occuper un peu plus de votre femme: car, Dieu soit loué, ce n'est pas ça qui vous tourmente; ni moi non plus, au reste.

— Ah! ma chère! comment veux-tu que dans une époque si féconde en événemens.....

— Oui, voilà encore de vos grands mots, comme vous en disiez sur les affaires du temps. Hélas! peut-être, le ciel a-t-il voulu vous punir de votre belle confiance dans la révolution, en

nous enlevant tour à tour nos deux enfans.

— Tu verras que je suis cause qu'ils
ont eu la petite vérole.

— Dieu ne nous dit pas par où il
nous châtie.....

— Allons, te voilà encore en larmes :
tu es terrible! en vérité; voyons, em-
brasse-moi, et ne nous querellons plus. »
Il s'avança alors près de sa moitié pour
procéder au raccommodement; mais
Charles qui dormait sur son épaule, ne
trouvant plus son point d'appui, et dé-
taché de sa place par l'effet d'un cahot,
fut lancé contre les ferremens du fourgon, et les cris de madame Germain
accompagnèrent sa chute.

— Ah! Sainte Vierge! mon pauvre
Charles !..... voilà encore de vos tours,
monsieur Germain; vous ne pouvez
parler ou agir sans dire ou faire une
sottise : ce cher enfant,..... voyez quelle
bosse!..... Appuyez bien vite une pièce
de trente sols là-dessus, et pressez

ferme. Tenez, voici ma pièce de mariage, cela fera mieux. Germain obéit. Charles qui à peine s'était réveillé en tombant, malgré l'épreuve que son jeune front venait de faire de la dureté intérieure de l'équipage, se récria si fort, à l'application du remède, que l'un des hussards qui suivait le fourgon, c'était Bernard, crut devoir le faire arrêter pour s'informer du sujet de ces cris ; comme il marchait le premier, tout le convoi l'imita, et toute l'escorte fut bientôt en tête pour s'assurer du motif de cette halte.

— Est-ce qu'il vous est arrivé quelque chose, demanda Bernard, en soulevant le couvercle du fourgon ?

— Non, Monsieur, répondit madame Germain ; seulement, notre jeune Charles vient de se frapper la tête contre la voiture.

Robert se fâcha de la négligence du valet, et lui recommanda d'être plus attentif. Georges qui était survenu, fut assez mécontent de cet accident, bien que Charles ne parût déjà plus y songer, et après avoir dit à Germain, avec un ton d'humeur, de veiller un peu mieux sur cet enfant.

« Oubliez, pendant le jour, ajouta-t-il, que madame Germain est une fort jolie femme; vous aurez le temps de vous en rappeler le soir, quand le jeune Belmont n'aura plus besoin ni de vos secours ni de votre attention. » Après cette remontrance, il fit refermer la voiture, et continua la marche; quelques mots que nous croyons devoir taire, et qu'il ajouta tout bas, établirent la gaîté parmi les hussards, dont les éclats de rire bruyans parvinrent jusqu'aux oreilles de madame Germain.

— Voyez, Monsieur, à quoi m'expose votre maladresse! entendez-vous comme on se moque de vous et de moi; nous voilà pour tout le voyage l'objet des plaisanteries de ces soldats, et des reproches de M. Robert.

« — Que veux-tu que j'y fasse, ma chère, il n'y a là rien de ma faute, je voulais.....

— C'est bon, c'est bon ; voilà toujours comme vous choississez vos momens ; je vous le répète, vous agissez comme vous parlez, toujours à contre-temps et à rebours du bon sens.

— Ceci est différent, ma chère ; il y a des choses que tu ne peux pas comprendre et encore moins discuter ; par exemple, tu parlais tout à l'heure de la révolution ; eh bien ! d'après ses principes, sache donc qu'avec de l'esprit, on pouvait devenir tout ce que l'on aurait voulu : voyons, qu'aurais-tu dit, par exemple, si tu m'avais vu général ?

— Ce que j'aurais dit, monsieur Germain ? J'aurais dit que vous étiez capable de peigner passablement vos soldats, et voilà tout. » Cette réponse prononcée d'un ton sentencieux, fut loin de satisfaire Germain qui pourtant se contenta de hausser les épaules et de garder le silence.

— La première journée devait être l'une des plus fatigantes pour notre convoi ; le gouvernement cherchait alors autant que possible, à ne faire stationner les troupes en marche qu'à une certaine distance de Paris, afin de ménager les ressources de cette Capitale. Nos voyageurs ne firent, en conséquence, qu'une halte de deux heures à Claye, afin de se restaurer, de rafraîchir leurs chevaux, et continuèrent ensuite leur route jusqu'à Meaux où, étant arrivés à dix heures du soir, ils passèrent le reste de la nuit.

CHAPITRE IV.

Madame Germain, à peine âgée de vingt-cinq ans, bien prise dans sa petite taille, d'une figure agréable, et d'une fraîcheur qui approchait de l'incarnat de la pêche, avait en outre de très-jolis

yeux bruns d'une vivacité extraordinaire ; de forts belles dents bien enchâs-
sées , et un sourire tout-à-fait gracieux.
Fille d'une ravaudeuse du faubourg
St-Honoré , elle n'avait jamais connu
l'auteur de ses jours ; mais sa mère, que
la mort lui avait enlevée depuis six ans ,
avait répété si souvent que *les hommes
d'aujourd'hui* étaient des monstres ,
des trompeurs, et des suborneurs, que
la jeune Henriette, maintenant madame
Germain, s'était emparé de ce commen-
cement de phrase, bien décidée à s'assurer plus tard de la manière dont ,
avec connaissance de cause, elle devrait
la terminer. Placée d'abord chez une
couturière fort à la mode, elle s'était
attachée à saisir dans les gestes, l'esprit et le jeu de physionomie des pra-
tiques de sa maîtresse, tout ce qu'elle
croyait capable d'ajouter à sa grâce et à
son amabilité. Elle avait dix-huit ans, et
s'était déjà vue l'objet de plusieurs pour-
suites , lorsqu'elle fut remarquée par

Germain, déjà valet de chambre de M. de Surville, et qui, sachant que madame la Comtesse désirait ajouter une femme à sa maison, pour lui confier la tenue du linge, proposa mademoiselle Henriette : celle-ci était sur le point d'être renvoyée par sa maîtresse, pour avoir osé se permettre de paraître agréable aux yeux du maître.

Cependant la Comtesse fit prendre des informations ; elles furent d'autant plus avantageuses pour la jeune personne, qu'on avait hâté de s'en défaire ; comme Henriette d'ailleurs avait une profonde vénération pour tout ce qui tenait à un certain rang, elle fut enchantée des propositions qui lui furent faites de venir habiter l'hôtel de Surville, et, six mois après, elle devint madame Germain. Son mari, d'un naturel indolent et d'un esprit pédant, avait souvent à se plaindre de la vivacité et de l'humeur de Madame qui n'avait pas l'honneur de partager ses opinions ; du reste c'était bien le meilleur mari du monde, et sa moitié aurait pu se targuer du titre de maîtresse au logis, sans que cela changeât rien ni à leur situation intérieure, ni à l'humeur pacifique du cher époux. Ce qu'il y a de bien certain, c'est que notre jeune nourrice était persuadée de sa gentillesse, qu'elle ne manquait pas de prétentions, et qu'elle prenait fort bien les jolies choses qu'on pouvait lui adresser. Avant de remonter dans le fourgon, prêt à partir de Meaux, elle ne manqua pas de dire quelque chose d'aimable à ses compagnons de voyage ; les Français en général, et surtout les hussards, sont naturellement galans ; encouragé par cette condescendance de sa part, chacun des braves qui l'entouraient, s'empressa de venir lui offrir son petit grain d'encens, et l'on oublia bientôt le sujet qui, la veille, avait excité la gaîté bruyante de l'escorte : c'est ce que désirait madame Germain. Ayant si bien réussi, elle reprit sa place dans le fourgon au milieu des éloges les plus flatteurs, et le convoi continua sa route.

Quoique Georges n'eût pas mêlé ses louanges à celles de ses compagnons, il n'était pas moins qu'eux pénétré du mérite de madame Germain ; celle-ci, de son côté, se trouvait un peu contrariée de ce qu'il avait gardé le silence. Ce n'est pas qu'elle éprouvât pour lui, et nous prions le lecteur de le croire, aucun sentiment qui ne fût d'accord avec les plus rigoureux principes ; mais Georges, sans être d'une haute stature, était taillé en hercule ; son costume parfaitement collant laissait distinguer les plus belles formes ; sa demarche était imposante, sa tournure militaire ; un teint fleuri, deux grands yeux bleus ; de blondes et larges tresses de cheveux, s'échappant de son schakos, formaient comme le cadre de sa figure, et tombaient de ses tempes jusque sur sa poitrine. Il est vrai que ses moustaches étaient rouges ; mais cela n'empêchait pas que la femme la plus sage ne dût être flattée de captiver son attention, et bien que madame Germain n'eût peut-être pas songé à tous les détails qui pouvaient compenser la couleur de ses moustaches, elle n'était pas moins désappointée de ce qu'il n'avait point paru se mettre au nombre de ses admirateurs ; aussi M. Germain n'en fût-il que plus mal reçu pendant cette journée. Heureusement, comme nous l'avons fait observer, il était de la meilleure espèce de mari que pût rencontrer la plus exigeante, ou la plus acariâtre des femmes.

Sans faire un rapport trop minutieux du voyage de notre convoi militaire, nous le ferons de suite arriver à Dijon, où nous ne pouvons nous dispenser de nous arrêter un moment. Cette ville, surnommée jadis *la pépinière des grands hommes*, cette cité qui s'honore d'être la patrie de Jean sans peur, de Philippe le bon, de Bossuet ; des de la Monnaie, Longe-Pierre, Crébillon,

Piron, Rameau, Bouhier, etc. : cette ville était alors livrée à toutes les horreurs de la famine; n'ayant pas de casernes, elle était sans garnison ; de plus sans magasins, et pour comble d'imprévoyance, sans *employés aux vivres*, gens pourtant essentiels, et qui ne manquent jamais d'amener l'abondance, sinon dans le pays qu'ils occupent, au moins dans le coffre-fort qu'ils possèdent. Georges alla montrer sa feuille de route aux autorités qui, étant sans ressources, étaient presque sans pouvoir ; et, après avoir menacé d'écrire au gouvernement, qu'on laissait mourir de faim ses soldats, il reçut enfin les rations qui lui étaient dues, et que l'on obtint de plusieurs boulangers, en les menaçant d'une célèbre machine, nouvellement inventée, à cette époque, par un célèbre médecin, dont elle a conservé le nom (1).

______

(1) On assure que M. Guillotin mourut de chagrin lorsqu'il vit l'usage ou plutôt l'abus que l'on faisait de cet instrument de mort.

Georges, avec sa suite, avait été logé dans une maison abandonnée, près de la porte du parc. Il était onze heures du soir, et il suivait à cent pas les hussards qui transportaient la petite provision de tout le convoi (chaque jour nos militaires partageaient avec leurs hôtes) lorsque, non loin de sa demeure, notre maréchal de logis aperçut , dans une ruelle, une jeune personne que deux hommes entraînaient avec violence, interceptant ses cris au moyen d'un mouchoir qu'ils pressaient sur sa bouche, et la menaçant d'un poignard , que l'un d'eux tenait levé sur sa poitrine, afin de vaincre sa résistance. Georges ne balança pas une minute, tira son sabre, courut au secours de la victime, vit disparaître les deux scélérats avant qu'il pût les atteindre. Mais la jeune personne était tombée sans connaissance; sa robe était couverte de sang : elle pouvait être dangereusement blessée, et personne ne se présentait pour ajouter son assistance à celle de Georges. Il prit donc le parti qui lui semblait le plus convenable : ce fut de la transporter dans la maison habitée par le convoi, et qui n'était qu'à deux cents pas environ du lieu de cette scène.

— Allons, madame Germain, dit-il en arrivant, vous êtes une excellente femme, et vous allez nous en donner la preuve : voici encore une enfant qui réclame vos soins ; voyons d'abord ses blessures, car je me connais mieux que vous à cela.

— Ah ! grand Dieu ! s'écria madame Germain, qui a pu mettre cette jeune fille dans cet état ?

— Deux brigands que je n'ai pu joindre, les scélérats sont toujours lâches.

— O ! les hommes d'aujourd'hui.....

— Bon, cela ne sera rien,..... une blessure à la tête se guérit promptement quand on n'en meurt pas sur-le-champ.... Celle-ci a été causée par une chute ,..... en voici une autre à la main ...... c'est une coupure que sans doute elle s'est faite en se débattant ;..... de l'eau et du vinaigre, j'en ai dans ma gourde, donnez-là moi, Bernard ; maintenant, cherchez dans mon porte-manteau ma seconde chemise, elle est blanche, nous allons en faire des compresses, des bandes et de la charpie.

—J'ai du linge, M. Knopf, laissez-moi faire, dit madame Germain.

— Dans le fait, je me croyais en campagne ;..... donnez moi un petit morceau de toile : mes camarades et moi nous allons l'effiler dans la chambre voisine, pendant que vous mettrez cette jeune fille un peu à l'aise..... La voilà qui revient ;..... défaites donc sa ceinture;..... bien, bien, je vous laisse.

Robert, Germain et les camarades de Georges, qui l'entouraient alors, le suivirent dans une seconde chambre, et chacun se mit à l'ouvrage.

Cependant la jeune personne avait repris ses sens ; ignorant où elle se trouvait, et comme rendue à elle-même après un rêve affreux, elle cherchait à se rendre compte des événemens qui avaient devancé cette situation, et n'avait encore ni la force de faire des questions ni le courage de répondre à celles que lui adressait à la file la dame dont elle recevait les secours.

— Prenez ce verre d'eau..... Quels étaient donc ces brigands ?..... Ils voulaient sans doute vous voler? vous enlever peut-être ?..... ou vous..... Etiez-vous donc seule dans la rue, à cette heure ?..... Qui sont vos parens ? demeurent-ils dans cette ville ?..... Vous avez froid ,..... tenez , couvrez-vous de cette mantille.....

— Madame Germain, prenez cela, dit Georges, en entr'ouvrant la porte de manière à n'y passer que le bras, lavez bien les plaies, et posez la charpie comme je vous la donne, la plus grosse partie pour la tête, et l'autre pour la main ; dépêchez-vous , parce que l'air ne vaut rien pour les blessures. » Madame Germain interrompit la série de ses questions, et exécuta les ordres du commandant en chef, avec autant d'adresse que lui en permettait son peu d'expérience en ces sortes d'opérations.

Cependant la jeune personne, rassurée par les soins dont elle était l'objet, commençait à sourire à sa bienfaisante compagne, et cherchait à deviner, par l'examen de l'appartement, quelles pouvaient être les personnes dont elle recevait l'hospitalité. La chambre qu'elle occupait était spacieuse, carrée et sans tenture ; les murs, autrefois blancs, étaient couverts de dessins et d'inscriptions charbonnées de plus d'un genre, et qui prouvaient que les braves qui l'avaient habitée à leur passage, étaient plus propres à tirer des coups de fusil qu'à manier le crayon, ou à donner des exemples du style lapidaire ; une table de huit pieds de longueur, sur deux de largeur, en bois blanc, soutenue par deux tréteaux de chêne, deux bancs

d'une égale longueur, un lit-de-camp re-
couvert de paille, disposé pour dix ou
douze hommes, enfin deux grandes
cruches de grès, un chandelier en fer battu
et une vieille lampe en étain, compo-
saient l'ameublement de cette chambre
qui d'ailleurs était éclairée par deux
croisées à petits carreaux, enchâssés
dans leurs bandelettes de plomb, et
tellement enfumés que des persiennes
n'auraient été qu'un objet de luxe :
aussi n'y en avait-il pas.

Sur ce que la jeune fille avait entendu
dire des prisons, elle crut d'abord
qu'elle en habitait une, et voulut toutefois s'en assurer ; elle adressa donc à
son tour, et avec une voix pleine de
douceur, cette question à madame
Germain :

— Vous paraissez si bonne, Madame;
me ferez-vous connaître dans quelle
maison, et chez quelles personnes j'ai
l'honneur de me trouver en ce moment?

— C'est ce qu'il me serait très-difficile de vous dire, ma belle demoiselle : il y a environ quatre heures que nous sommes arrivés dans cette ville, les hussards qui nous escortent ont conduit ici le fourgon où nous sommes enfermés, et je n'en sais pas d'avantage.

— Grand Dieu! vous êtes donc prisonniers, et cette maison.....

— Non, non, rassurez-vous; nous le serions peut-être cependant, sans ces bons hussards qui nous ont pris sous leur protection; du reste, cette maison n'est simplement, je crois, qu'une espèce de caserne, destinée aux troupes de passage, et voilà pourquoi nous l'habitons jusqu'à demain matin.

— Alors vous partirez, et la pauvre Thérèse sera encore une fois seule, sans appui! Mais dites-moi comment me trouvé-je près de vous? A qui dois-je le bonheur d'avoir échappé des mains de ces misérables auxquels j'étais livrée? » Madame Germain lui fit alors un long récit dont le fond était basé sur le peu de mots

que Georges avait prononcés, et s'engagea
si loin dans sa narration que, bien qu'elle
ne l'eût pas encore terminée, Thérèse
connaissait ses anciens maîtres, le sujet
et le but de son voyage, tous les personnages qui en faisaient partie, ainsi
que les qualités, le caractère, le phy-
sique et l'esprit de chacun d'eux. Pendant le discours de madame Germain,
la jeune fille avait témoigné plusieurs
fois sa surprise, et marqué l'intention
d'adresser quelques questions à sa ver-
beuse compagne; mais celle-ci, toute à
son sujet, n'avait pu s'en apercevoir,
et continuait avec sa volubilité ordinaire,
lorsque Georges, frappant à la porte:

— Eh bien! il paraît qu'on est mieux,
là dedans?..,.. Peut-on entrer?

— Oui, M. Knopf, répondit madame
Germain, en s'interrompant avec un peu
de regret; et Georges entra soudain
avec Robert et Germain suivis du jeune
Charles.

— Voyons ce pansement, dit le premier ; ce n'est pas très-bien, mais demain, avant de partir, je le ferai moi-même.

— Veuillez, Monsieur, dit Thérèse, recevoir les expressions de ma reconnaissance ; je viens d'apprendre que c'est à vous que je dois la conservation de mon honneur, et sans doute de ma vie.

— Cela ne m'a pas coûté beaucoup de peine ; l'ennemi, quoiqu'en force, a fait une si prompte retraite, que mon sabre est aussi clair qu'avant l'attaque.» Thérèse qui, pendant cette réponse, avait entendu madame Germain nommer M. Robert, et lui rendre compte de la situation de l'enfant qui dormait alors, se tournant vers celui qui représentait M. de Surville :

— Monsieur, je n'ai pas l'honneur de vous être connue, et, dans tous les cas, mon nom, ni ma fortune ne serait des titres à votre bienveillance ; mes malheurs auront peut-être plus de pouvoir sur votre âme généreuse, et, quand vous les connaîtrez, j'ose espérer que vous ne me refuserez pas votre pitié. Comme ces malheurs se rattachent à des événemens qui peuvent blesser la mémoire d'un être qui me fut bien cher, ce n'est qu'à vous seul que je puisse en confier les détails : en attendant, Monsieur, veuillez me prendre sous votre protection jusqu'à Besançon où je dois retrouver un oncle qui peut-être unira sa reconnaissance à la mienne, en échange du service que vous m'avez rendu. Autrefois M. le comte de Surville honora de ses bontés l'auteur de mes jours ; il daignerait encore, je n'en doute pas, servir d'appui à leur orpheline. Celui qui le remplace, sera-t-il insensible à ma prière ?

Robert n'avait pas écouté sans émotion le discours de Thérèse ; la rougeur qui animait la figure naturellement mignonne de cette jeune fille, prouvait ses efforts sur sa raison, et le peu d'habitude qu'elle avait de solliciter. Agée au plus de quatorze ou quinze ans, blonde, elle avait de petits yeux, mais remplis de la plus aimable expression; ses manières et ses discours prouvaient une éducation soignée; sa taille svelte, quoique petite, et ses formes naissantes, semblaient retracer l'image de la déesse de la jeunesse; ses traits portaient l'empreinte d'une douce mélancolie, et tout son être inspirait le plus vif intérêt.

— Rassurez-vous, Mademoiselle, lui dit Robert, je ne céderai à personne l'occasion de remplir une tâche que tout autre que moi regarderait comme un plaisir, et dont M. de Surville se serait sans doute honoré. Si, comme je n'en doute pas, notre ami Georges, veut bien vous admettre au nombre de ses protégés, demain vous partirez avec nous.

— Volontiers, répliqua Georges, pourvu toutefois que madame Germain consente à lui donner une petite place à côté d'elle : car je ne voudrais pas, pour le grade de capitaine, avoir un pareil bijou sur mon porte-manteau, pendant seize lieues qu'il nous reste à faire, il n'y aurait pas moyen de garder les arçons. » Madame Germain, flattée qu'on la consultât, s'empressa de donner son adhésion, ajoutant, avec un regard significatif, qu'elle ne croyait pas que la sensibilité de M. Knopf pût faire croire aux craintes qu'il manifestait. Tout fut donc convenu pour le lendemain. Thérèse indiqua une maison dans laquelle, en descendant d'une petite voiture, elle avait laissé son bagage. Georges se chargea d'aller le réclamer lui-même, et, après un modeste repas, chacun chercha le sommeil dans le lieu le plus commode de l'appartement, c'est à dire, sur le duvet militaire : la paille et le lit de camp.

Contre son ordinaire, Georges n'était pas allé se coucher avec ses hussards qui habituellement ne quittaient pas leurs chevaux ; demeuré avec ses hôtes, il n'avait pas voulu trop les gêner, et s'était étendu sur l'un des bancs qui décoraient ce dortoir, lorsqu'après deux heures de repos, il fut reveillé par les pleurs de la petite fille qui réclamait assez haut les soins de sa nourrice. Fatigué d'ailleurs de sa position, il se mit sur son séant, ranima la lampe près de s'éteindre, rapprocha deux tisons, finit par les enflammer de nouveau et se disposait à attendre ainsi le jour, lorsque madame Germain, cédant à l'invitation de sa petite fille, la prit dans ses bras et vint se placer vers lui, afin d'être plus commodément. Comme tout le reste de la société continuait à dormir profondément, nous croyons devoir rendre compte de la conversation, à voix très-basse, qui fut commencée par madame Germain.

— Vous voilà réveillé, M. Georges ? car je ne peux jamais prononcer votre autre nom ; c'est un mauvais voisinage

que celui d'une nourrice. Qu'en pensez-
vous?

— Pas toujours, madame Germain,
et si j'étais votre mari, je ne m'en plain-
drais pas.

— Je le crois bien, si vous étiez
comme lui; écoutez, il ronfle.

— Oh! c'est parce que vous n'êtes
plus à son côté.

— Oui, et tout à l'heure, c'était sûrement parce que j'y étais.

— Madame Germain, j'ai entendu
dire que les grands chagrins, loin
d'éloigner le sommeil, finissaient quelquefois par nous mettre dans un état
continuel d'assoupissement : peut-être
qu'un extrême bonheur produit le même
effet.

— Vous êtes galant, M. Georges.

— Non, je suis vrai; je trouve que
votre mari doit être le plus heureux
des hommes.

— Sur ma foi vous feriez très-bien

de lui dire cela, car je suis sûre qu'il ne s'en doute pas.

— C'est impossible, madame Germain, il a des yeux, et il n'en faut pas d'avantage..... Voyez cette petite comme elle se dépêche!

— Ne regardez donc pas, M. Georges.

— Voilà qui est encore impossible, madame Germain..... Corbleu! s'il ne s'agissait que d'enfoncer un escadron de houssards pour arriver au corps de la place.

— En vérité vous êtes fou, avec vos batailles.

— C'est vrai, c'est vrai, madame Germain; au fait, vous êtes mariée, vous êtes honnête femme, et je ne dois pas vous parler comme cela. Je suis pourtant fâché que M. Germain ne soit pas militaire.

— Et qu'est-ce que cela peut vous faire, M. Georges?

— Beaucoup, madame Germain; à l'armée nous nous battons tous les jours, plusieurs sont assez heureux pour être enlevés d'un boulet de canon; cela fait de la place, et on serre les rangs.

— Bon! vous voudriez qu'on tuât mon mari?

— Oh! je dis, ce n'est que dans le cas où cela lui ferait plaisir, et quand on est militaire, on aime à faire de petits sacrifices pour acquérir de la gloire.

— Mais enfin, qu'il soit mort, ce qu'à Dieu ne plaise, à quoi cela vous avancerait-il?

— Eh bien! je vous le disais: on serre les rangs, et je tâcherais d'arriver à sa place, le canon fût-il toujours pointé dans la même direction.

— Je ne vous comprends pas.

— Pour parler net, je tâcherais de me rendre aimable, de vous plaire et de vous consoler.

— Voilà ce qui s'appelle une déclaration.

— Vous croyez que ce soit une déclaration?..... Ma foi, cela se peut bien;

mais j'ai eu tort, car, je le répète, vous êtes une honnête femme, et celui qui dirait le contraire aurait affaire à moi, mille escadrons ! je lui.....

— Ne jurez donc pas comme cela, monsieur Georges, vous me faites peur.

— Ah !..... madame Germain, ce n'était pas mon intention, et si vous me connaissiez mieux.....

— Je vous assure, monsieur Georges, que je vous connais assez pour vous estimer de tout mon cœur.

— C'est toujours cela, et je vous en remercie..... Oh ! je le disais bien, vous êtes une honnête femme,.... et puis, vous m'estimez..... Allons, je vais voir ce que font nos chevaux : il est trois heures, il faut bientôt qu'ils déjeûnent ; nous devons partir avant cinq heures. Il faut aussi que je voie l'intérieur de votre fourgon, et que j'arrange un peu votre place, que vous soyez le moins gênée, et aussi doucement que possible.

— Que vous êtes bon ! dit madame

Germain, en lui tendant une main blanche et potelée, qu'il saisit et quitta aussi
vite que si c'eût été un charbon ardent.

— A revoir, madame Germain. » Et
poussant un gros soupir, il sortit en répétant : « Certainement, c'est une honnête femme. »

Nous devons avouer cependant que
madame Germain ne possédait pas un
cœur de roche, et qu'elle n'avait pas
écouté le brave Georges, sans ressentir
une certaine émotion ; nous dirons même, pour sa justification, qu'elle avait
épousé M. Germain sans éprouver pour
lui autre chose que de l'admiration pour
son titre de valet de chambre d'un
comte, et pour l'esprit qu'elle lui avait
supposé ; on lui avait dit qu'elle serait
heureuse, et, pendant long-temps, elle
s'en était rapporté à l'expérience des autres, n'osant trop compter sur la sienne ;
elle avait pourtant réfléchi plusieurs fois
à la fatuité de son mari, qui n'avait jamais flatté sa vanité par ces petits soins,

ces petits égards dont la femme la plus simple et la plus modeste ressent toujours l'impérieux besoin. Loin de lui faire un mérite de ses vertus domestiques, il avait l'air de ne point s'en apercevoir : les comptait-il pour peu de chose ? c'est ce dont madame Germain avait le droit de douter encore. Ayant ainsi présenté ces palliatifs, nous devons donc avouer que la jolie nourrice n'était pas insensible aux sentimens de Georges, et que, pendant une bonne heure de réflexion qui suivit ce dialogue, les comparaisons qu'elle fit de notre hussard avec son indolent époux, ne furent nullement à l'avantage de ce dernier.

Quatre heures venaient de sonner; Georges revint accompagné de Bernard, et réveilla ses hôtes, encore tous endormis, à l'exception de Thérèse qui déjà s'était assise près de madame Germain. Le neveu du curé apportait une grande gamelle de soupe qu'il avait soignée pendant la nuit, et à la disparition de laquelle chacun s'empressa de procéder ; après quoi Georges, se rappelant ses promesses, renouvela le pansement de la jeune Thérèse, se rendit ensuite, avec un de ses compagnons, dans la maison où se trouvaient ses bagages, consistant en une malle et un gros sac de nuit, et revint bientôt ordonner le départ. En ce moment Charles venait de trouver dans la paille un porte-feuille que Thérèse reconnut pour le sien, et qui était tombé sans doute au moment où l'on avait desserré sa ceinture. Cette jeune personne parut enchantée d'avoir recouvré cet objet qu'elle avait supposé d'abord au pouvoir des brigands dont Georges l'avait délivrée. Enfin, tous nos voyageurs placés, le convoi se remit en route par la plus belle journée d'automne.

CHAPITRE V.

On assure, en Franche-Comté, que les distances appelées lieues de pays ont été tracées par des amans des deux sexes et réunis; la tradition va même un peu plus loin : on assure que Charlemagne, voulant peupler plusieurs endroits de ce beau pays, encore déserts à cette époque, dirigeait, sur chacun de ces différens points, un jeune garçon et une jeune fille qui, destinés l'un à l'autre, devaient, pendant ce voyage, planter une borne à chaque pause qu'exigerait d'eux la fatigue de la route : chacune de ces bornes devait indiquer une lieue, sans égard pour le nombre de toises. Il paraît certain que les fiancés Bisontains qui furent envoyés vers la Suisse, ou la Bresse, ou la Bourgogne, ou la Champagne, ou la Lorraine, ou l'Alsace, étaient assez distraits par les jolies choses qu'ils se disaient, pour oublier la fatigue de leur marche : ce qui rendit les bornes assez rares, et les lieues beaucoup trop longues. On ajoute encore que le jeune ami devait, à chaque pause, réciter certaine oraison auprès de sa maîtresse, et peut-être les jeunes gens d'alors n'étaient-ils pas très-dévots. Tant y a que dans ce pays il faut marcher deux heures pour faire une lieue; heureusement que l'administration des postes, de seize lieues qui existaient d'abord de Dijon à Besançon, en a fait vingt et une; sans cela les pauvres chevaux qui conduisent les riches voyageurs, ou transportent les courriers dans cette contrée, seraient vraiment dignes de pitié. Quant aux militaires qui marchent isolément, à trois sous par borne, ou en corps à six sous par étape, on leur a conservé l'ancienne mesure, en leur permettant de pester contre Charlemagne et les amoureux de son temps. C'est sans doute ce que notre brave et bon Georges se serait permis, s'il avait connu cette tradition, malgré son respect pour l'empereur guerrier dont il avait lu l'histoire dans les Quatre fils Aymon, et autres ouvrages littéraires du même genre.

Il devançait de quelques toises, avec Bernard, le convoi soumis à son commandement, et qui n'était encore arrivé qu'aux deux tiers de la distance qui existe entre Dole et Besançon ; il murmurait de bon cœur contre la longueur de la route, et Bernard cherchait à le calmer, en lui rappelant qu'il n'y avait point d'ennemis à combattre dans la ville où ils devaient arriver le soir.

— Je le sais, lui dit Georges ; mais il me tarde de savoir si je trouverai une lettre de M. de Belmont, en réponse à celle que je vous ai fait écrire de Paris : les bureaux seront fermés, et il faudra attendre au lendemain.

— Eh bien ! nous avons double séjour à Besançon ; en conséquence, vous aurez le temps de vous reconnaître.

— Oui, mais je voudrais savoir, le plutôt possible, ce que je dois dire à Robert, afin de le préparer à suivre les conseils que j'attends du capitaine.

— Croyez-vous que M. de Belmont vous engage à le conduire au régiment ?

— Cela pourrait bien être, car ce

pauvre Robert ne sera pas plus tranquille dans ce pays qu'il l'eût été dans la Capitale; on ne manquera pas de lui demander d'où il vient, qui il est. Comment répondra-t-il à cette dernière question? On voudra savoir aussi s'il a satisfait à la loi comme soldat; autre embarras qui pourrait le conduire dans un régiment où il serait sans amis, sans soutien, et, d'où M. de Belmont n'aurait peut-être jamais de ses nouvelles. Vous savez qu'après son fils Charles, le capitaine n'aime rien plus que Robert..... Mais où diable est cette coquine de ville? on n'en voit encore rien. » Georges ne connaissait point encore la capitale de la Franche-Comté; il ignorait que cette ville, placée dans un fond, entourée de remparts et de hautes montagnes hérissées de forteresses, n'était aperçue des voyageurs arrivant de la Bourgogne, que dix minutes au plus avant d'y être admis, ce qu'ils n'obtenaient qu'après s'être soumis à beaucoup de formalités. Ils arri-

vèrent cependant, et, après avoir été mi-
litairement reconnus par quatre hommes et un caporal, appostés à la première
barrière, ils traversèrent les glacis, la
double haie de remparts, les deux pont-
levis, leurs doubles herses et leurs doubles portes, et furent conduits, en tra-
versant la ville dans presque toute sa
longueur, à la seule caserne de cavalerie
qui existât alors, et qui est détruite aujourd'hui. Deux hussards avaient été envoyés d'avance pour préparer le logement
et pour recevoir les vivres; aussi tout
était-il disposé pour le mieux, lorsque
notre convoi fut rendu à cette destination.

Il était trop tard pour que l'on pût
s'occuper des intérêts de la jeune Thérèse, et pour que Georges se rendît à la
poste aux lettres : il fut donc convenu
que, le lendemain, de bonne heure, la
jolie nourrice accompagnerait la jeune
personne chez son oncle, pendant que
Georges ferait viser sa feuille de route,

recevrait encore de nouveaux effets d'é-
quipement, et vaquerait à d'autres devoirs qu'il avait à remplir.

Les soucis, comme les plaisirs, ren-
dent matinal : au point du jour tous nos
voyageurs étaient debout et songeaient
aux soins qui devaient remplir leur journée. Robert, encore sous son costume
de hussard, parcourait la ville, et s'in-
formait de la distance qu'il pouvait y
avoir jusqu'au vilage de Beure dont son
petit domaine n'était éloigné que d'une
demi-lieue, dans la montagne, à droite
de la route qui conduit à Arbois. La
vente de cette petite terre s'était faite à
Paris depuis long-temps ; elle se trouvait
rapprochée des anciens domaines sei-
gneuriaux de M. de Surville, mais comme
ce dernier, depuis que Robert était sorti
de son collége, était demeuré dans la
Capitale, notre jeune propriétaire, ne
l'ayant point quitté, n'avait pu prendre
connaissance de sa propriété. Lorsqu'il
se fut assuré qu'il pouvait s'y rendre en

moins de deux heures, il revint à la caserne instruire ses amis des renseignemens qu'il avait obtenus, et consulter Georges sur la manière dont il devrait s'y faire conduire, et sur le moment qui serait fixé pour leur séparation. Celui-ci le pria d'attendre encore quelques instans pour arrêter ses dispositions, et sortit avec Bernard, en l'assurant qu'il serait bientôt de retour.

Thérèse, accompagnée de madame Germain, et munie de l'adresse de son oncle, qu'un avocat de Troyes en Champagne lui avait remise, se rendit dans le voisinage de Granvelle, promenade publique de cette ville, et y trouva la maison qui lui était indiquée comme appartenant à son parent. Après avoir sonné plusieurs fois à la porte, une femme, empreinte de toute la décrépitude de la vieillesse et à la mine refrognée, vint enfin lui ouvrir, et lui adressa d'un ton brusque les paroles suivantes : « Que voulez-vous ? qui êtes-vous ? »

Thérèse, étourdie par les manières peu polies de cette femme, n'entendit que la dernière apostrophe, et répondit avec douceur qu'elle se nommait Thérèse Delval; qu'elle venait présenter ses hommages à son oncle dont elle n'avait pas encore l'honneur d'être connue.

— Et c'est un honneur que vous n'aurez jamais, car votre oncle est à l'armée; Dieu sait s'il en reviendra! En tout cas, la fille de madame Delval doit se ressentir du flanc qui l'a portée, et mon maître ne consentira jamais à la voir. N'êtes-vous pas d'ailleurs dans un bel équipage pour vous présenter? la tête enveloppée de linge, ainsi que la main, comme si vous sortiez d'une bataille de cabaret : voilà une bonne recommandation! Et vous avez sûrement mené une belle vie avec cette espèce de dévergondée qui vous accompagne. » Madame Germain, dont les yeux étincelaient de colère pendant ce discours, s'apprêtait à répondre; mais la vieille ne lui en donna pas le temps, et, poussant de toute sa force la porte qu'elle tenait entr'ouverte, elle s'éloigna en adressant de l'intérieur, à nos solliciteuses, quelques épithètes qui étaient loin d'être d'accord avec celle que, deux jours avant, Georges adressait à madame Germain. Thérèse, pétrifiée, était demeurée immobile et près de perdre connaissance. Madame Germain, dont la rage était à son comble, tout en vociférant, s'aperçut de l'état de sa jeune compagne, et lui prêta son appui, sans lequel cette dernière n'aurait pu se soutenir plus long-temps.

—Eh bien ! qu'avez-vous donc ? n'allez-vous pas vous affecter à ce point, pour ce que vous a dit cette vieille sorcière ? allons-donc, ayez plus de courage que cela ! En attendant, la vieille drôlesse a bien fait de fermer sa tanière ;.... m'appeler dévergondée !..... Je vous demande un peu de quoi se mêle cette,.... car enfin, votre mère était bien la maîtresse de ses actions.,... Mais voyez, tous ces gens qui s'arrêtent près de nous, et qui nous regardent... appuyez-vous sur moi et retournons auprès de nos amis.

Un assez grand nombre d'habitans s'était rassemblé autour d'elles, et semblait s'apitoyer sur la douleur visible que Thérèse paraissait éprouver ; mais lorsque madame Germain se disposa à reprendre en la soutenant, le chemin de la caserne, on s'empressa de lui livrer passage, et la foule se dissipa.

Elles furent bientôt de retour au logement qu'elles occupaient ; Robert s'y trouvait ainsi que Germain ; le premier venait d'instruire Charles des projets qu'on avait sur lui : il avait cru devoir le prévenir d'avance, afin de le préparer à leur séparation. Charles s'affligea un instant d'être obligé de quitter son bon ami Robert ; mais l'idée de voir son père, un capitaine de hussards, et qui sans doute lui donnerait un uniforme, un sabre, et un cheval, adoucit insensiblement ses regrets, et sa jeune imagination lui présenta bientôt le plus riant avenir.

Madame Germain ne tarda pas à faire le récit de la mésaventure qu'elle venait de partager avec la jeune Thérèse ; celle-ci pleurait amèrement, et les réflexions de sa compagne augmentaient encore son désespoir et sa confusion.

— C'est que, voyez vous, disait-elle à Robert, il paraît que la mère de cette pauvre Demoiselle a eu quelque mauvaise affaire dans sa jeunesse, qui l'a brouillée avec son frère ; une jeune femme a sitôt fait de perdre sa réputation ! Ce frère, qui sûrement craignait d'exposer son honneur, n'a plus voulu la revoir, ni elle ni ses enfans ; de manière qu'il est parti pour l'armée, en recommandant à cet épouventail qu'il a laissé chez lui, de ne jamais recevoir Madame..... Madame..... comment s'appelait votre mère, mademoiselle Thérèse ?

— De grâce, interrompit doucement

Robert, gardez pour vous ces détails, madame Germain ; vous voyez bien que vous ajoutez encore aux chagrins de cette jeune personne..... Calmez-vous, Mademoiselle, et, puisque vous ne rencontrez pas le parent sur lequel vous comptiez, acceptez un asile dans la maison que je vais habiter, du moins jusqu'à ce que vous ayez trouvé le moyen de vous suffire à vous-même, ou d'adopter un parti quelconque. C'est de bon cœur que je vous fais cette invitation, et franchement vous m'affligeriez en me refusant.

Thérèse n'avait point osé compter sur une pareille ressource; les propositions de Robert rétablirent peu à peu le calme dans son âme, et, après un instant d'hésitation qu'exigeait la simple politesse, elle accepta l'offre qui lui était faite avec la plus vive reconnaissance.

Cependant Georges, après s'être occupé des affaires de son convoi, car, en bon militaire, il avait pour précepte : *le service avant tout*, s'était rendu au bureau de la poste, même avant qu'il fût ouvert : beaucoup d'habitans s'y trouvaient déjà réunis pour attendre également l'ouverture du petit guichet. Le plus grand nombre d'entre eux, couvert des haillons du pauvre, paraissait affecté du sentiment le plus pénible, et l'on pourra juger de leur détresse par la conversation suivante de deux femmes placées alors près de notre Maréchal de logis.

— Tu parais mal à ton aise, commère Roussel ?

— Que veux-tu, commère Varnier, voilà trois jours qu'on n'a rien distribué à la section, et mes enfans ont fini ce matin ma petite provision de pommes de terre, moi, je n'ai rien pris depuis avant-hier au soir.

— Hélas! je ne suis guère mieux lotie;..... si au moins je recevais des nouvelles de mon aîné; depuis six mois

qu'il est parti pour la guerre de la Vendée, je n'en ai pas eu un mot:........ le
pauvre garçon ! je n'avais que lui pour
me soutenir, et je ne le verrai sûrement
plus.

— Ah ! je peux pleurer avec toi,
commère : tu sais que Varnier était
domestique d'un grand seigneur, et que,
grâce à ses gages, j'élevais notre petite
famille; il était avec son maître à Paris
il y a encore un mois, et devait bientôt
repartir pour Nantes; eh bien, je suis
allé écouter lire les nouvelles à la commune (1): il s'y trouve justement qu'à
Paris ils ont fait mourir la Reine, le
Maire de leur ville qui était, à ce qu'on
dit, un bien brave homme, et beaucoup

____

(1) Les coryphées des différens partis lisaient
alors tour à tour, et selon les circonstances, les
journaux arrivant de la capitale. Les lecteurs se
plaçaient, à cet effet, sur un échafaudage dressé
dans la cour de la maison de ville, ou sur la place
principale de la commune.

d'autres grands personnages; on y disait aussi qu'à Nantes on avait massacré ou noyé une grande quantité de suspects : ainsi, soit dans l'une ou l'autre ville, mon pauvre mari n'en aura pas échappé.

— Parle plus bas, commère; tu sais bien qu'il ne faut pas dire grand'chose pour se faire empoigner; on dit qu'on fait à présent, dans le pays, une liste de suspects, et bien sûr qu'il y aura quelque jour aussi des massacres et des noyades à Besançon; vois déjà comme tous les hommes se méfient les uns des autres; il n'y en a pas un ici qui ose parler à son voisin, Dieu sait comment tout cela finira! En attendant, si on ne nous assassine pas, on nous fera mourir de faim.

— Vois seulement s'ils ouvriront ce bureau aujourd'hui!

—Pardi! ne faut-il pas, qu'ils ouvrent toutes les lettres, pour savoir si on ne conspire pas contre eux, et puis pour brûler celles qui disent que nos soldats ont été battus... » En ce moment le bureau s'ouvrit ; chacun se pressa, et Georges s'avançant à son tour, on lui remit la lettre suivante :

« J'ai reçu ta lettre, mon cher Georges, et j'espère que celle-ci te parviendra ; j'y joins le congé en bonne forme, et les papiers de Gustave Lambert, tu les remettras à ton compagnon de voyage au moment où il te quittera, *puisqu'ils sont les siens* ; cela lui servira à justifier de sa position au besoin, aie bien soin de mon Charles, et reviens le plus promptement possible.

Ton capitaine et ton ami, BELMONT. »

Il était clair pour notre maréchal de logis, que M. de Belmont, craignant que sa lettre ne fût interceptée, n'avait qu'à peine indiqué sa pensée en l'écrivant. Robert à l'avenir devait porter le nom de Lambert dont il avait les papiers ainsi que le congé, et voilà ce qu'il avait en effet voulu dire. Bernard d'ailleurs était également de cet avis, et comme Bernard était non-seulement un très-bon secrétaire, mais encore un garçon d'esprit, il ne resta plus à Georges aucun doute sur cette affaire; ils retournèrent donc promptement à la caserne, et y arrivèrent assez tard pour que toutes traces de chagrin eussent disparu de la physionomie de leurs hôtes.

Georges prit alors Robert à l'écart, lui fit lire le billet de M. de Belmont, lui donna en même temps ses avis sur l'usage à faire des papiers qu'il venait de recevoir, et qu'il lui remit en ce moment.

Cette nouvelle preuve de l'intérêt de M. de Belmont, fut pour Robert un nouveau sujet de conjectures et de réflexions; il ne pouvait concevoir qu'un homme qu'il ne connaissait que de nom, auquel il n'avait jamais rendu aucune espèce de service, n'ayant d'autre titre à ses yeux que celui d'ami de son bienfaiteur, pût s'occuper de lui avec autant de sollicitude. Peut-être aussi M. de Belmont, dans un autre temps , avait-il eu des rapports d'amitié avec les auteurs de ses jours; mais, s'il connaissait le mystère qui couvrait sa naissance , quel motif pouvait l'empêcher de le lui révéler? Jamais non plus M. de Surville n'avait prononcé le nom du père de Robert, et cependant il était impossible qu'il n'en fût pas instruit; Georges lui-même , au fait de maintes circonstances, paraissait en garde contre l'estime que lui inspirait le jeune protégé de son capitaine, et, après quelques paroles dites au hasard , il laissait à son nouvel ami toutes ses incertitudes, t ne lui permettait pas d'espérer une plus ample confidence. Quoiqu'il en soit, Robert, résolu à reconnaître les soins dont il était l'objet, se soumit aux conseils qui lui étaient transmis par le Maréchal de logis, adopta le changement de nom qui lui était offert, en instruisit Germain, la nourrice, et Thérèse; les seuls confidens qu'il dût avoir, comme les seuls amis qui allaient le suivre dans sa solitude.

On employa de part et d'autre cette journée et celle du lendemain à faire les préparatifs que, d'un côté, nécessitaient la continuation du voyage de Georges, et, de l'autre, l'installation de Robert dans une maison qui, n'étant habitée que par un vieux jardinier et sa femme, manquerait sans doute des objets de première utilité. Cependant madame Germain crut devoir conseiller à Robert de remettre à un autre instant l'acquisition des gros meubles qui leur seraient nécessaires, lui faisant observer judicieusement, qu'il fallait avant tout connaître la place qu'ils devaient occuper. On s'assura donc d'une petite charette à un cheval, destinée aux bagages de nos nouveaux campagnards et d'un *char-à-banc* pour les transporter eux-mêmes à leur destination.

Le jour de la séparation étant arrivé,

ce fut encore Georges qui vint réveiller nos voyageurs , madame Germain et Thérèse exceptées; la première avait déjà donné ses soins à la petite fille, et Thérèse s'occupait à mettre en ordre et à emballer les objets que déjà on avait acquis. Les voitures louées attendant à la porte qu'on songeât à les remplir , Robert et Germain, aidés par Bernard , s'occupèrent , ainsi que Thérèse, à tout disposer pour le départ. Pendant ce temps, Georges demeuré près de madame Germain, la regardait avec une expression qui ne pouvait échapper long-temps à la vivacité des yeux de notre jeune nourrice.

— Comme vous me regardez , M. Georges !

— Que voulez-vous , je n'aurai plus ce plaisir là; j'en profite.

— Croyez-vous donc , M. Georges , que nous ne nous reverrons plus?

— C'est probable , madame Germain, je vais me battre , et comme les boulets ne sont guères plus humains que vos yeux, j'espère ne pas leur échapper.

— Ne parlez donc pas ainsi, M. Georges, vous me faites frissonner!.....

— Vous ne voudriez donc pas que je fusse tué!

— Dieu m'en préserve! M. Georges; me croyez-vous assez méchante pour cela?

— Non, mais c'est égal, vous êtes mariée, vous êtes une honnête femme, et que je sois mort ou non, je n'en serai pas plus heureux.

— Allons, allons, M. Georges, ne vous mettez pas de ces choses dans la tête;.... d'ailleurs, je vous l'ai déjà dit, je vous estime de tout mon cœur.

— Oui, oui, je le sais bien, vous m'avez dit cela à Dijon, il y a quatre jours, et je vais vous quitter sans en être plus avancé.

— Que puis-je vous dire de plus?

— Me répondre à une question toute simple.

— Parlez.

— Epouse-t-on quelquefois les gens qu'on estime ?

— C'était l'usage parmi tous les gens comme il faut, avant la révolution, et c'est comme cela qu'il y a cinq ans j'ai épousé M. Germain.

— Vous n'aviez-donc pas d'amour pour lui à cette époque ?

— Pas plus qu'à présent, M. Georges, et je crois aussi qu'il n'en a jamais eu pour moi.

— C'est bien, maintenant je n'en veux pas savoir d'avantage, seulement si jamais il lui prenait fantaisie d'être soldat, je vous prierais de l'envoyer dans notre régiment: c'est un charmant corps, depuis dix huit mois il est en campagne et voilà deux fois qu'il est renouvelé presque entièrement : n'oubliez-pas , entendez-vous. »

Cette conversation fut interrompue par l'arrivée de toute la chambrée, et de Robert qui , après avoir remercié très-affectueusement Georges et ses hussards des soins sans nombre qu'ils avaient eus, des sacrifices qu'ils avaient faits pour lui et ses amis, donna enfin le signal des adieux. Les hommes se pressèrent les mains, madame Germain fut embrassée par chacun de nos braves, et se prêta avec la meilleure grâce du monde aux deux gros baisers que lui appliqua sur les joues notre ami Georges. Thérèse s'approcha à son tour de ce dernier, lui renouvela les expressions de sa reconnaissance, et l'assura qu'il avait une place éternelle dans son souvenir. Charles pleura encore, embrassa tous ses amis, et même la petite fille entre les bras de sa nourrice, après quoi, tout le monde étant descendu, les hussards montèrent à cheval ; Charles fut placé dans son fourgon avec Bernard ; madame Germain, Thérèse, Robert, et Germain, dans le char à-banc ; et les chevaux suivant la direction qui leur était indiquée, les militaires s'éloignèrent par la porte de *battant*, et nos citadins par celle de *Notre-Dame*...... Suivons ces derniers.

Le plus grand silence régnait dans l'intérieur du modeste équipage où nos voyageurs, assis de côté sur une même banquette, et enfermés de toutes parts, pouvaient à peine, à travers de petits *vasistas*, distinguer devant eux la droite de leur route qui, pendant tout le chemin qu'ils avaient à parcourir, n'était qu'une suite de hautes montagnes dont ils n'apercevaient qu'une faible partie, faute d'espace. Robert songeait à remplir les obligations qu'il s'était imposées envers la fille de son bienfaiteur, et aux moyens d'y subvenir convenablement avec sa petite fortune. Thérèse s'occupait du souvenir de ses malheurs et de la manière dont elle pourrait reconnaître l'obligation qu'elle contractait. Madame Germain pensait au bon et brave Georges, le plaignait même, autant qu'une honnête femme peut se permettre de plaindre un amant malheureux, et Germain dormait. Ils étaient à plus d'une lieue de la ville, et personne n'avait encore parlé; ce silence n'était interrompu que par les airs franc-comtois que sifflait le conducteur de leur voiture, ou par les recommandations réitérées qu'il faisait à ses chevaux :

« Allons donc, Grison, tu ne vas pas, mon ami; et toi, Roussot, est-ce que tu as peur d'attraper une entorse? Huot! dia! Ah rosse! que t'a fait cette pierre pour lui donner un coup de sabot? haut le pied! allons, ferme, marchons.

— Combien avons-nous encore de chemin à faire? lui demanda Robert à travers l'une des petites ouvertures.

— Dans une heure nous serons rendus à notre destination, Monsieur, parce que nous allons avoir une grande montée à Beure, qui est tout près d'ici..... Il paraît que vous ne connaissez pas le pays? Huot! dia..... Vous avez dû avoir bien du plaisir à Besançon..... Dia! ho!

Grison!.... N'est-ce pas, Monsieur, qu'il y a là de belles promenades? Chamars, par exemple! Comme il y a de beaux remparts tout autour, et puis, tout de suite là, des montagnes qui font qu'on ne peut pas voir plus loin! Comme c'est agréable! Et puis le Doubs donc! quelle belle rivière! comme elle fait bien le fer-à-cheval, en se promenant dans la ville. Et la porte taillée, qui a été percée dans les rochers par un nommé César; il fallait qu'il eût une fameuse poigne et une rude patience, celui-là!..... Et l'arc de triomphe de la porte Saint-Jean, on dit que c'est joliment beau! C'est encore ce diable de César qui a fait ça..... Et Jacquemar donc, qui sonne toutes les heures à la Madelaine avec une grosse boule qui lui pend entre les jambes; c'est ça qui est une belle mécanique!.... Huot, dia, Roussot!.... voici la montagne qui commence,.... mes chevaux vont en découdre...» Le conducteur continua son monologue encore environ une heure, et fit ensuite apercevoir au loin à nos voyageurs l'habitation qui était le but de leur course.

CHAPITRE VI.

Revenons dans cette partie de la Lorraine que les habitans de Metz veulent qu'on nomme le pays Messin. Ce n'était pas pour inspirer de vaines terreurs à son maître, que Durand lui avait dit qu'il apercevait une troupe armée se dirigeant à leur rencontre; effectivement un détachement d'une dixaine d'hommes, conduit par un sergent, s'avançait, et n'était plus qu'à cent pas d'eux. Ces soldats appartenaient à un régiment de ligne, et, à cette époque, ces sortes de troupes, soit qu'elles jugeassent le gouvernement révolutionnaire injuste dans ses arrêts, soit que, tout à l'honneur de défendre le sol de la patrie, elles ne crussent pas de leur dignité de seconder les vexations intérieures et les crimes juridiques; ces sortes de troupes, dis-je, ne se piquaient pas de faire le service de la gendarmerie, et M. de Surville, ainsi que Durand, n'avait à craindre d'elles autre chose que des questions. Le détachement fit halte à l'instant où nos fugitifs étaient sur le point de le croiser dans sa marche, et le sergent, s'avançant vers M. de Surville, lui fit cette demande:

« Dis-moi, camarade, n'aurais-tu pas vu à quelque distance ou ici près, un homme à cheval en vedette sur la route?

— Non, camarade, lui répondit le Comte, je n'ai rien vu de semblable.

— Il faut que ce Gift soit fondu.

— Ah! c'est Gift que vous cherchez?

— Oui sans doute, il doit nous indiquer plusieurs fermes où nous allons être placés comme garnisaires, afin de forcer les fermiers à livrer leurs grains au prix de la taxe, et à la ville de Metz; ce qui est assez désagréable pour eux et pour nous, car cela nous force à faire ton métier, citoyen gendarme. On m'a assuré, chez le commissaire des guerres, que ce Gift devait nous attendre de ce côté, sur la route, à une lieue de la ville ; en voilà une et demie de faite, je ne le trouve pas, tu en seras témoin près de notre commandant de place ; nous allons nous en retourner avec toi.

M. de Surville embarrassé, ne sachant trop que répondre au sergent, désirant toutefois éviter une aussi nombreuse compagnie, et se dispenser du témoignage qu'on attendait de ' u près le commandant de place, regardait Durand, comme pour réclamer son secours, et semblait prêt à perdre toute assurance. Son embarras ne put échapper à l'œil pénétrant de notre faux prisonnier qui prit aussitôt la parole.

— Pardi ! citoyen Sergent, je peux te donner des renseignemens sur ton homme ; au moment où j'ai été arrêté, à deux lieues d'ici, sur la route de Paris, je venais de m'entretenir avec un brave garçon qui m'a raconté que, sur le point d'être agrippé par ce Gift dont tu parles, il l'avait enfermé lui-même dans une chaumière que tu verras dans trois quarts d'heure tout au plus, isolée, sur ta droite, à cinquante pas de la route; ainsi, tu vois bien maintenant que tu n'auras plus d'excuses près du commandant de place, si tu ne remplis pas ta mission.

— Tans pis, mais enfin puisque cela est ainsi, nous irons délivrer cet homme; tu voudrais bien qu'on en fît autant pour toi, pas vrai, l'ami?

— C'est bien vrai, mes bons soldats.

— Qu'a donc fait ce pauvre diable? demanda le sergent à M. de Surville.

— Je crois qu'il est aristocrate, répartit le Comte; il a prétendu qu'il valait mieux être l'esclave d'un ancien maître, que celui du tribunal révolutionnaire; il a même dit du mal de Marat et de Robespierre.

— Pauvre malheureux ! reprit le sergent avec l'accent de la pitié, il voulait
donc cesser de vivre !..... En attendant,
tiens, l'ami, voilà la moitié de la ressource d'un soldat, ajouta-t-il en par-
tageant son pain de munition, dont il
plaça une partie dans les mains liées de
Durand ; et toi, camarade, tu ne refu-
seras pas de le délier pour qu'il puisse
manger cette ration. Que diable ! il faut
avoir un peu d'humanité, quoiqu'on
soit gendarme.

Le Comte céda à la prière du sergent
et, pouvant à peine cacher son émotion,
il s'empressa de quitter le brave fan-
tassin et de continuer sa route. Lorsque
le Comte eut perdu de vue le détachement, il ne put contenir le sentiment d'admiration que lui inspirait
une classe d'hommes que son malheur
seul lui avait fait connaître : depuis
qu'il existait, lancé, par sa naissance
et sa fortune, dans les plus hautes so-
ciétés de France, il ne pouvait supposer

que l'on pût avoir des vertus sans titres
de noblesse; selon lui, Fabert, Jean-
Bart, et d'autres militaires parvenus,
avaient été braves sans doute, mais
étaient-ils doués des qualités du cœur?
Etaient-ils susceptibles de ce dévouement qui nous porte à faire le bien
sans espoir de récompense? Auraient-
ils sacrifié leur repos, exposé leur
existence au besoin de secourir l'humanité? Ce problème, jusqu'alors soumis
à ses méditations, venait d'être résolu :
à peine avait-il quitté le cercle de ses
égaux, par le rang, que son piqueur,
dont il ne s'était jamais occupé, lui
fournissait le premier exemple d'un dévouement héroïque, en le suivant dans
l'exil où il savait que la misère mar-
cherait à leur suite. Ce même Durand
que, dans ses devoirs, il n'avait jamais
vu sourire, lui montrait maintenant une
figure rayonnante de joie, des traits res-
pirant le bonheur que ce fidèle serviteur éprouvait à se sacrifier pour son

maître. Un sergent, homme déjà d'un âge avancé, et qui semblait avoir passé sa vie dans les camps, venait de lui donner une preuve d'humanité. « Oui sans doute, s'écria le Comte avec enthousiasme, la France peut encore recouvrer sa splendeur et son rang comme première nation du monde que ne peut-on faire avec de tels hommes!

— N'est-il pas vrai, M. le Comte, que ce sergent est un brave garçon! j'aurais bien refusé son pain, ou plutôt je lui aurais offert l'un des miens si je n'avais pas craint de donner des soupçons; mais vous n'étiez pas à votre aise, j'ai vu cela, et il me tardait de nous voir seuls; mangeriez-vous de ce pain, Monsieur? il est bien noir.

— Volontiers, Durand, je crois qu'il faut désormais renoncer aux petites délicatesses de la vie; nous n'aurons peut-être pas toujours une telle ressource.

— Cela se pourrait bien, et voilà ce qui me tourmente pour vous; du reste j'ai de bons bras , une bonne santé, et je ne manque pas de courage. Lorsque nous serons loin de notre pauvre pays , pour peu qu'on veuille m'entretenir d'ouvrage, nous ne manquerons pas du nécessaire.

— Excellent homme ! mais qui peut vous avoir inspiré un pareil dévouement?

— Ma foi, Monsieur , je ne vois rien d'extraordinaire dans ce que je fais ; mon père m'a dit souvent, dans ma jeunesse, qu'il vous devait tout ce qu'il possédait, et que le monstre le plus horrible était un ingrat. Tant que vous avez été riche , heureux et content, n'ai-je pas été à mon tour bien nourri, bien vêtu et bien payé? N'avez-vous pas été un bon maître ? M'avez-vous jamais grondé lorsque je l'avais le plus mérité? C'est même la seule chose qui me faisait de la peine quelquefois , parce que je croyais que vous ne faisiez point d'attention à moi; mais je vois bien que je m'étais trompé, aussi, dès que j'ai su que vous me choisissiez pour partir avec vous, j'ai été d'une joie, que j'en ai presque pleuré.

— Je ne dois pas vous laisser dans cette erreur, mon cher Durand : j'ignorais moi-même que je dusse partir, lorsque Robert vous donna l'ordre de préparer les chevaux ; cependant, si je vous avais connu comme je vous connais aujourd'hui, je n'aurais pu faire un autre choix, bien qu'il m'en coûte de voir mon mauvais sort partagé par un aussi digne homme que vous.

— Ah ! c'est aussi un brave Monsieur que ce M. Robert....... Eh bien ! comment trouvez-vous ce pain de munition ?..... comme çà, n'est-ce pas : ou *couci*, comme disent les Italiens ?..... Voilà pourtant comme on nourrit ce bon sergent qui mériterait de manger de la brioche ,..... et tous ses compagnons, avez-vous remarqué ? ils n'ont tous que des souliers troués, leurs habits ne sont que de pièces et de morceaux; ne les voilà-t-il pas bien récompensés pour aller se faire casser les bras et les jambes! Je ne m'expose pas autant qu'eux, et je ne voudrais sûrement pas changer mes habits contre les leurs.

Durand, continuant ainsi de faire ressortir sa position, cherchait à prouver que jusqu'alors son maître ne lui était redevable d'aucun sacrifice.

— Savez-vous, M. le Comte, qu'il y a bien long-temps que je désirais faire un voyage dans l'étranger. J'aurais eu de la peine à trouver une meilleure occasion que celle-ci : me voilà sur un bon cheval, vous m'avez confié la bourse qui se trouve assez bien garnie, vous connaissez le langage du pays que nous allons visiter, et je suis assuré que vous aurez la bonté de me l'apprendre; j'ai bonne mémoire, vous verrez qu'avant six mois je saurai demander tout ce qu'il me faudra, y compris de l'ouvrage; car notre argent ne durera pas toujours; mais au reste ne suis-je pas né pour travailler? Que ce soit en Allemagne ou en France, cela n'importe guères : la Providence est partout, elle ne nous abandonnera pas. » Nos deux voyageurs, enhardis par les papiers du commissaire secret, se proposaient de traverser la ville de Metz, malgré le danger qu'ils pouvaient prévoir, et qui aur it résulté de l'exhibition de leurs titres entre les mains d'agens amis du citoyen Gift; ils furent détournés à temps de ce projet par un gendarme qu'ils rencontrèrent à une portée de fusil des premiers ouvrages de la place : celui-ci vint droit à M. de Surville et l'aborda ainsi qu'il suit :

— Bonjour, camarade; te voilà de bonne heure près de la ville; comment se fait-il que tu n'aies pas remis ton homme à ma brigade? tu as pourtant passé à notre station; mais tu n'es pas de notre cercle, car je ne t'ai jamais vu.

— Cela est vrai, camarade, répondit

le Comte, je viens de fort loin d'ici ; et j'ai l'ordre de remettre moi-même le prisonnier à sa destination.

— Voilà qui est fort amusant pour toi , surtout si tu dois aller jusque sur les bords du Rhin ; va, tu y arriveras toujours plus vite que trois émigrés que je viens de voir arrêter à la porte de Metz, et qui croyaient être bien en sûreté sous leurs déguisemens, avec leurs faux passe-ports ; ils vont être jugés de suite , et demain leur affaire sera terminée; l'un d'eux s'est réclamé d'un nommé Gift , bien connu dans le pays ; mais je doute que le commissaire veuille lui être utile maintenant. A revoir, l'ami, porte-toi bien, et serre de près ton gaillard. »

Le gendarme s'éloigna en prononçant ces mots, et laissa nos fugitifs bien convaincus qu'ils devaient éviter l'inspection des agens commis aux portes de Metz; ils se détournèrent donc des remparts, en suivant les glacis à une certaine distance, allèrent passer la Moselle à une lieue de cette ville, rejoignirent la route avant d'arriver à Courcelles, et continuèrent leur voyage sans autre accident, mais non sans précautions, jusqu'à Forback où ils arrivèrent heureusement. Descendus dans la première auberge qu'ils avaient aperçue, Durand étant redevenu domestique de M. de Surville, nos voyageurs furent abordés par un gros homme à l'accent moitié Alsacien moitié Lorrain, et qui, examinant leur chevaux, chercha à nouer conversation avec le Comte.

— Tu parais avoir là d'assez bonnes montures, Citoyen ?

— Oui, Citoyen, j'en suis du moins content.

— Nous sommes maintenant bien embarrassés dans ce pays, et moi surtout comme maître de poste : on a pris tout ce que nous avions de mieux pour la remonte de la cavalerie, et tout ce qu'il y avait d'inférieur pour les convois militaires ; enfin , les réquisitions ne nous permettent plus que d'aller à pied ; après cela , le gouvernement donne des ordres à ses protégés pour nous forcer à leur fournir des chevaux.,....... où veut-il qu'on en trouve !..... Aussi je me sauve de ma maison, il y a là un envoyé qui menace de faire mettre tout le pays à feu et à sang, si on n'attelle promptement sa chaise ; cependant mes quatre chevaux sont en route, et ne reviendront pas avant trois heures..... C'est dommage que tu ne sois pas dans l'intention de te défaire de tes bêtes , nous aurions pu nous en arranger.

— Effectivement, Citoyen , il m'est impossible de m'en passer.

— Je te les payerai en numéraire , lui dit le maître de poste en s'approchant de son oreille.

— Je te remercie , mais je le répète , cela est impossible.

— Pas autant que tu pourrais le croire, reprit notre gros homme , avec un sourire sardonnique, et si tu ne conséns de bonne grâce à mes propositions tu auras à t'en repentir.

— C'est ce que nous verrons, répliqua M. de Surville, en ordonnant que l'on mît les chevaux à l'écurie.

— Et c'est aussi ce que nous allons voir, répartit le maître de poste en s'éloignant. On conduisit alors nos voyageurs dans une chambre au second étage, où l'on s'empressa de leur servir un morceau de lard entouré de choux; avec ce mets, Durand offrit à son maître le reste de ses deux pains, valeur d'à peu près une demi-livre, et dont il fut contraint de manger sa part, d'après les instances réitérées du Comte. Déjà ils se disposaient à prendre quelque repos, lorsqu'ils entendirent monter l'escalier qui conduisait à leur appartement, et virent soudain entrer les personnages suivans : un grand homme sec, revêtu d'une écharpe aux trois couleurs, suivi d'un autre dont l'aspect semblait annoncer un paysan nouvellement en possession de quelque dignité et embarrassé de son costume à la mode du temps : des bottes courtes se terminant en cœur avant d'arriver au molet ; un pantalon de casimir jaune montant jusqu'au-dessous des aisselles ; un gilet en soie rose, de la longueur de six pouces, surmonté d'un collet d'une égale dimension ; une grosse cravate s'élevant jusqu'aux cartilages du nez et ornée d'un nœud très-ostensible ; un frac vert pistache, étroit, montant sur les côtés et derrière la tête jusqu'au-dessus des oreilles, se distinguant par une basque étroite, écourtée ; le chapeau à claque ; une figure pleine et rouge ; de gros yeux fauves ; une chevelure poudrée réunie en une natte relevée derrière sa tête et fixée par un peigne d'écaille blonde, avec des mèches ou faces, appelées alors oreilles de chien : tel était l'ensemble du second personnage qui devançait le maître de poste.

— Au nom de la Loi, dit l'homme à écharpe, tu es requis de fournir deux chevaux, pour transporter, jusqu'à la première poste, le citoyen Simon Gorgerousse, chargé par le gouvernement d'une mission particulière près des autorités civiles et militaires de Mayence; en conséquence, ordonnons, comme Maire de cet endroit, que les dits chevaux soient livrés à l'instant, faute de quoi nous requerrons la force armée pour t'y contraindre.

— Je voudrais pouvoir me conformer à ton ordonnance, lui répondit M. de Surville; mais ce papier te prouvera que je puis m'en dispenser, ayant aussi d'ailleurs une mission à remplir dans la même ville.

Le Maire, peu lettré, s'empressa de faire lire au maître de poste le titre du citoyen Gift, présenté par le Comte, et le lui arrachant, avant qu'il ait entièrement terminé cette lecture:

— Tu vois bien, Timothée, que tu

me fais toujours faire des bêtises. Ce Citoyen a les mêmes droits que cet autre Citoyen, quoiqu'il n'ait pas de chaise de poste ; ainsi j'ai rempli mon devoir, et n'ai plus rien à dire : arrangez-vous ensemble.

— C'est facile *tout de même*, dit alors l'homme à l'habit vert pistache ; (ce *tout de même* était son expression favorite) que le citoyen vende ses chevaux à ce gros animal que je ferai mettre à la lanterne si je peux ; qu'il vienne avec moi dans ma chaise ; son domestique se juchera derrière avec le mien, et puisque nous allons tous deux à Mayence, nous y arriverons ensemble.

M. de Surville ne crut pas devoir laisser échapper cette occasion d'arriver plus promptement au premier but de son voyage. Timothée ne demandait pas mieux de voir partir celui qui voulait le faire pendre ; tout fut bientôt convenu, et, une heure après, les chevaux vendus et attelés emportèrent la chaise avec rapidité sur la route d'Allemagne.

Plus communicatif que M. de Surville, l'homme jaune, rose et vert, maintenant enveloppé dans sa houppelande de castorine brune bordée tout autour d'une bande de pluche amaranthe, ayant repris sa belle humeur, crut devoir interrompre l'instant de silence qui suivit le départ de la chaise.

— Tout de même, Citoyen, c'est plus agréable de voyager comme ça en voiture que d'aller à cheval ! ah ! ah ! ah !

— Cela est vrai, Citoyen, répliqua le Comte, interrompant le rire par lequel son compagnon terminait chacune de ses phrases, lorsqu'il n'était pas furieux; aussi te dois-je beaucoup de reconnaissance d'avoir bien voulu m'admettre dans ta chaise de poste.

— Ça n'en vaut pas la peine; j'ai été bien enchanté aussi de trouver tes chevaux : ils vont joliment ! ah ! ah ! ah !

— Ils sont pourtant un peu fatigués. Ils marchent depuis plusieurs jours.

— Ça ne fait rien, ils vont bien *tout de même*, et si j'en trouve comme ça à toutes les postes, je serai bientôt à la tête de mon administration.

— Tu vas sans doute occuper un emploi important?

— Je crois bien : directeur des vivres, viande, riz, pain, sel et fourrages, ah! ah! ah! c'est joli, j'espère. C'est mon oncle qui m'a fait avoir cette charge, parce que son affaire est faite à lui ; il a profité des assignats dans le bon moment. Il a *tout de même* de beaux châteaux, de bonnes terres, et il se moque de ça ; il me cède sa place. Et puis, je suis chargé d'un ordre pour faire arrêter un comte de Souville, de Séville, je ne sais déjà plus son nom ; mais c'est égal, c'est *tout de même* pour ça que j'ai des chevaux de poste quand les autres s'en passent, ah! ah! ah!

Le Comte ne put douter qu'il ne fût

l'objet de l'arrestation qui devait être faite et se félicita de cette découverte, il avait du moins le temps de réfléchir aux précautions qu'il devait prendre pour échapper à de nouvelles persécutions.

Pour donner à nos lecteurs une plus ample connaissance du Directeur des vivres, nous croyons devoir leur rendre compte de la conversation qui, au même instant, avait lieu derrière l'équipage entre les deux serviteurs.

— Ton maître a l'air d'un honnête homme, citoyen Durand.

— Oh! appelle-moi Durand tout court.

—Eh bien! soit, tu me nommeras aussi Frédéric, sans épithète: j'aime mieux cela. Mais dis-moi, comment se fait-il que ton maître fasse le métier d'agent mystérieux du tribunal révolutionnaire? car c'est ainsi que j'ai entendu le Maire de Forbach le désigner en secret au Maître de poste.

— Écoute, Frédéric sans épithète ; je crois que c'est ainsi que tu te nommes.

— Dis aussi Frédéric, tout court. — Bon : je te dirai donc qu'il ne faut pas se presser de juger les gens dans le temps où nous vivons ; tout ce qu'il y a de vrai, c'est que mon maître est sans doute le plus honnête homme qui soit au monde, et qu'il n'a jamais eu la pensée de faire du mal à un chat.

— Je t'en crois, Durand, tu as une de ces physionomies qui ne semblent pas faites pour déguiser la vérité.

— Ne te fie pas non plus à cela ; s'il ne fallait qu'un petit mensonge pour faire une bonne action, ma physionomie le couvrirait tout aussi bien qu'une autre pourrait le faire.

— Dans ce cas, Durand, ce n'est qu'user d'un privilége que les bons seuls peuvent avoir sur les méchans, et alors le mensonge peut être excusable, cependant il faut en être avare.

— Dis-tu toujours la vérité, Frédéric ?

— A tous ceux qui méritent de l'entendre, Durand.

— Crois-tu que je sois de ceux-là?

— J'avoue que c'est mon opinion.

— En ce cas, dis-moi, à ton tour, pourquoi toi et ton maître, vous me faites l'effet de n'être ni l'un ni l'autre à votre place?

— Je vais te l'expliquer si tu me promets de me garder le secret, et m'assures en même temps que ton maître consentira à me rendre un bon office, s'il en a le pouvoir.

— Je te réponds de tout cela et tu peux y compter, je suis Franc-Comtois.

— Je commence donc : « Je suis né à Vienne en Autriche, mon nom est Frédéric Lorber; à l'âge de dix-huit ans je perdis les auteurs de mes jours et je ne quittai le cours de mes études que pour venir prendre possession d'une fortune de vingt mille thalers de revenu, consistant en bonnes terres sur les bords du Danube et de l'antique Morava. Après avoir pris connaissance de mes titres , je visitai toutes mes propriétés, et, recueillant de mes régisseurs une somme assez considérable, je me décidai à entreprendre quelques voyages. En moins de deux ans je visitai une partie de l'empire russe, du royaume d'Angleterre et j'étais déjà sous le beau ciel d'Italie lorsque j'appris les premiers événemens de la révolution française : j'avais à Londres puisé des idées d'indépendance; en lisant l'histoire ancienne et moderne des nations; plus d'une fois j'avais en secret murmuré de la dégradation de notre espèce; je me trouvais alors à Rome et cette ville , jadis sanctuaire de l'héroïsme et de la liberté , ne m'offrait plus que l'asile de la turpitude, de la faiblesse et du plus honteux esclavage : je crus donc voir renaître en France ces sentimens sublimés qui, pendant des siècles, avaient rendu cette ville célèbre la souveraine du monde. Je me rendis à Paris , j'assistai d'abord à tous les débats des amis de la révolution je fus des premiers à toutes les fêtes patriotiques: je partageais l'enthousiasme d'un peuple qui excitait mon admiration, je m'identifiais avec ses principes et ses espérances. Mais bientôt l'anarchie vient s'asseoir dans les conseils; le dévouement à la cause de tous disparut devant les intérêts personnels; on avait prêché l'égalité des droits, chacun prétendait à l'égalité de la science et au fatal avantage de gouverner ses semblables; les basses intrigues, les sourdes manœuvres succédèrent aux actions héroïques, aux accens de la vérité, et d'épouvantables massacres remplacèrent les fêtes civiques. J'osai hautement témoigner mon indignation; je fus remarqué, poursuivi et accusé d'être un agent de l'étranger. Enfin, un homme, la honte de sa nation, vint me prévenir des dangers que je courais, en m'assurant que, bien qu'il fût placé au rang des plus enragés terroristes, je devais pourtant à l'honneur qu'il me faisait de

me croire l'espion de l'Autriche, l'aver-
tissement qu'il me donnait de mon état
de suspicion. Ce fut encore lui qui me
conseilla, comme seul moyen de salut
et de parvenir à la frontière, de me
placer sous la protection de M. Gorgerousse, aujourd'hui directeur des vivres,
neveu d'un ancien boucher de Paris,
qui, ayant fait fortune en spéculant sur
les assignats, s'était rendu recomman-
dable par la force de ses poumons dans
les émeutes de la capitale. Ce M. Gorgerousse avait besoin d'un domestique,
je préférai me présenter à lui sous cet
aspect que d'avoir recours à sa protection, et il ne me connaît pas autrement. Arrivé à Mayence, mon intention
est de passer les lignes; je ne sais encore comment je m'y prendrai; penses-
tu que ton maître puisse m'en faciliter
les moyens, et qu'il veuille y consentir?
Je me confierai entièrement à sa générosité et il peut avoir la certitude que,
dans aucun cas, je ne trahirai ce bienfait.

C'est fort bien ; mais si vous alliez, en passant à l'ennemi, lui rendre compte de la position de nos postes, et faire égorger nos pauvres compatriotes ?

— Me croyez-vous assez lâche pour commettre une telle action ?

— Non franchement, je ne le crois pas ; en conséquence, j'espère que votre affaire s'arrangera pour le mieux. Mais tenez, nous voilà au relais, et votre maître crie comme un damné. Allons faire atteler.

C'était assez l'usage de M. Gorgerousse de commencer par se mettre en colère à chaque poste, et d'annoncer, en même temps, ses titres et sa mission, afin de pénétrer les auditeurs de son importance.

« Dépêchez-vous donc, canailles, je suis directeur des vivres, et notre armée meurt de faim en m'attendant. J'ai une mission particulière pour les autorités civiles et militaires de Mayence ; je vous ferai bâtonner ou pendre si vous n'allez pas plus vite; où est ce coquin de postillon; allons, maroufle, dépêche-toi de partir.

Telles étaient les apostrophes du Commissaire jusqu'à ce que des chevaux frais le remissent en route; cette fois, se tournant vers le Comte, il se félicita de la manière dont il se faisait obéir, du respect et de la crainte qu'il inspirait, et reprit son *tout de même,* ses *ah ! ah ! ah !*

Aucun événement essentiel ne s'étant opposé à l'arrivée de nos voyageurs dans l'ancienne souveraineté, ou dans l'électorat de l'archevêque de Mayence, nous allons nous transporter de nouveau près de Robert qui, avec sa suite, touche au moment d'être installé dans son unique propriété.

CHAPITRE VII.

Robert était descendu du char-à-banc avant d'arriver à son petit domaine , et ses yeux admiraient les différens aspects dont il était entouré. Sa maison , construite dans le goût moderne , simple à l'extérieur , mais d'une agréable apparence, se trouve placée sur un large plateau couronnant les montagnes qui s'élèvent à la rive gauche du Doubs; de la façade, l'œil parcourt l'énorme profondeur du vallon qui captive les eaux de cette rivière , et se porte ensuite sur la chaîne des monts qui terminent l'horizon à son autre bord. Des forteresses, d'immenses rochers, de vastes champs de buis, de sombres forêts, des vignes nombreuses nouvellement dépouillées de leurs fruits, des hameaux épars, embellissent cette vue qui s'étend vers le sud; au Nord, on aperçoit d'autres masses, d'autres montagnes déjà couvertes de neiges, dominant celles de ces contrées, qui séparent le Jura de l'antique Helvétie; à l'Est et à l'Ouest, bien que dans une plus faible étendue, la nature présente partout le plus riche spectacle et les sites les plus attrayans : là c'est une cascade sortant d'un énorme rocher, et dont les eaux limpides s'échappent en vingt ruisseaux différens, dans une riante et riche vallée; ici un bois tranquille et sombre présente ses solitudes à la méditation; plus loin, des champs, des vignobles cultivés avec soin étalent leurs trésors toujours renaissans; ailleurs des abîmes profonds, des ponts légers portés sur d'affreux précipices; enfin tout ce que la création peut avoir enfanté d'imposant et de sublime semble réuni dans ces lieux pour étonner et charmer les regards de l'homme.

La jolie habitation de Robert, au milieu d'un clos de dix arpens, entourée d'un mur de huit pieds de hauteur, ne présentait d'autre issue qu'une petite porte à l'Est, et une grande grille peinte en vert, flanquée de deux pavillons latéraux, entrée principale, séparée de cinq toises de la façade du corps-de-logis. Ce fut là que notre nouveau campagnard s'annonça en saisissant un pied de biche tenant à une longue chaîne, et en faisant tinter une clochette d'une assez forte dimension; deux gros chiens, espèce de dogues, s'élancèrent aussitôt de leurs loges, avec les complimens d'usage, paraissant toutefois vouloir faire une assez mauvaise réception à nos voyageurs; mais la grille était un obstacle à leurs dispositions offensives, et bientôt une vieille femme, vêtue d'un jupon de droguet rayé noir et bleu, d'une camisole rouge, et coiffée d'une cornette bien blanche, vint, avec une figure riante, sans d'abord ouvrir la grille, demander à Robert ce qu'il y avait pour son service.

— Je me nomme Robert, je viens de la part de M. de Surville.

— Mon Dieu! c'est-i ben possible?.... Approchez vous un peu, montrez-moi le dessous de vot' oreille gauche.

— Pourquoi, je vous prie?

— Vous devez avoir un signe.

— Le voilà.

— Ah! c'est ben ça!.... J'suis à vous.... Veux-tu te taire, Dragon..... finiras-tu, Cartouche?... Allons vite, à la chaîne...... et qu'on respecte le maître..... » La bonne vieille s'empressa d'attacher ses défenseurs, et vint promptement ouvrir la grille. Les voitures que Robert avait fait arrêter à une certaine distance, pour que les conducteurs ne fussent pas témoins de la première explication, s'avancèrent alors, et les voyageurs, ainsi que leurs bagages, furent déposés dans la cour. Les voituriers, satisfaits de leur *pour-boire*, s'éloignèrent aussitôt, et la société fut conduite dans une salle au rez-de-chaussée où la bonne vieille s'empressa d'allumer un grand feu. Puis, revenant à Robert :

« — Permettez-moi d'vous embrasser, j'vous en prie; y a ben long-temps que j'nai eu c'plaisir.

— Volontiers. » Et la vieille, lui saisissant la tête à deux mains, lui embrassa le front à trois ou quatre reprises avec la plus vive expression de joie.

« — Mais comment vous suis-je déjà connu ?

— Bell' demande, n'suis-je pas votre nourrice, donc ?

— Je l'ignorais, mais je m'en félicite, vous avez l'air d'une bien bonne femme.

— Et mon homme, comme i' va être content ! il est justement à la chasse, i' semblait qu'i' savait vot' arrivée ! »

Après avoir écouté avec bonté quelques détails de sa bonne nourrice sur les premières époques de son enfance, Robert s'informa des localités de son domaine, et demanda à visiter les appartemens.

Julienne (c'est ainsi que l'on nommait la vieille bonne femme) s'empara d'un gros trousseau de clefs , renfermé dans une armoire , et devança son jeune maître. La maison avait deux étages , et chacun d'eux offrait quatre chambres et plusieurs petits cabinets ; le tout partagé en parties égales , à droite et à gauche, par un escalier, en spiral, qui s'élevait d'un petit péristile au centre du rez-de-chaussée ; ici se trouvaient, d'un côté, une petite antichambre et le salon où nos voyageurs étaient descendus ; de l'autre , la salle à manger et la cuisine. Robert fut extrêmement surpris de trouver ces différentes pièces meublées avec un goût bien plus rapproché de l'élégance que de la simplicité ; Julienne qui remarqua sans peine son étonnement , lui rendit compte que cette maison , bâtie depuis cinq ans , avait été achetée par **M.** de Surville pour M. Robert deux ans après; que le Comte l'avait ensuite fait meubler par un de ses chargés d'affaires qui, en l'établissant elle et son mari, comme gardiens, leur avait recommandé de garder le secret jusqu'à ce que M. Robert vînt lui-même en prendre possession ; de payer les impôts, de cultiver le jardin : enfin de se conduire comme si le tout leur appartenait.

— Tant y a, ajouta Julienne, que, dans l'pays, on nous a cru sorciers d'nous être sitôt enrichis comme ça. Au reste, nous n'avons pas touché à l'argent que nous avons reçu de la ferme qui en dépend : Thomas, qui la fait valoir, nous apporte son loyer ben exactement à la S.t-Michel et à la S.t-Martin, et nous mettons tout ça à part : ça vous attend ; quant à nous, nous avons eu plus qu'i' n'fallait pour vivre avec le produit du jardin et des noyers, ça a ben donné, c't'année surtout.

Robert fut enchanté de ces détails, et remercia avec bonté sa vieille nourrice de tous les soins qu'elle avait pris ; l'assurant qu'elle pouvait continuer à se regarder comme maîtresse dans la maison, et qu'il aurait toujours du plaisir à la consulter sur tous les détails de son administration intérieure.

« J'avais toujours ben dit qu' vous seriez un bon p'tit enfant, répliqua Julienne, et de grosses larmes roulaient dans ses yeux; mais j'ne veux pas abuser d'ça, voyez-vous; mon homme ne l'voudrait pas non plus, j'connais not' place et lui itout; c'qui y a de sûr, c'est que j'crois qu' nous s'rons tous heureux et contens : allez, Monsieur, je l'vois ben.»

Ils rejoignirent bientôt madame Germain, son mari et Thérèse, qui attendaient leur retour avec une vive impatience. La satisfaction de Robert se communiqua à toute la petite société; il se hâta de l'instruire du résultat des informations qu'il venait de prendre, et de la connaissance qu'il venait d'acquérir de sa demeure; assigna le second étage pour le logement des deux époux, ainsi que pour celui de la jeune Thé-

rèse , et se conserva la moitié du premier ; Julienne, et Claudin son mari ,
devaient continuer à habiter l'un des pavillons qui se trouvaient près de la principale entrée. A peine avaient-ils terminé
tous ces arrangemens que, redescendus
dans le salon , ils entendirent les chiens
aboyer de nouveau , mais d'une manière
toute différente que lors de leur arrivée
à la grille.

« C'est Claudin , s'écria la vieille ;
Dragon et Cartouche sont ben fâchés
d'être à *l'attache*, vous allez voir comme
il sera étonné.... » Ils virent alors entrer
un vieillard blanchi par soixante hivers,
d'une taille haute. et d'une fraîcheur qui
l'aurait disputé à la plus brillante jeunesse , vêtu d'une longue veste de coutil
gris , et d'un pantalon à guêtres de la
même étoffe. Aussitôt qu'il aperçut la
compagnie, il retira un chapeau rond
à large bords et dont le fonds avait la
forme de sa tête, ouvrit de grands yeux ,
et , appuyé sur son fusil, considérant

tous ceux qui l'entouraient et particulièrement sa femme qui souriait à son
côté, il attendit qu'on voulût bien lui
apprendre quels étaient ses nouveaux
hôtes et ce qui lui méritait l'honneur de
leur visite.

— Eh ben! tu n'devines pas? lui dit
enfin Julienne.

— Ecoute donc, n'ot' femme, à moins
qu' je n'sois, comme on l'dit, sorcier,
j'ne peux connaître ceux que j'nai jamais
vus.

— Es-tu drole! tiens, r'garde donc
bien c'Monsieur-là.

— Eh ben! j'en suis pas pus avancé.

— Comment! tu ne vois pas qu' c'est
M. Robert, mon nourisson, et not'
maître enfin, tout à la fois?

— En vérité! ah! Monsieur, excusez
si je n'vous ai pas reconnu tout d'un
coup. C'est-qu' voyez-vous, comme vous
n'aviez guères qu' deux ans quand on vous
a emmené à Paris, et qu' je n'vous ai
pas r'vu d'puis, faut convenir qu' vous

êtes un brin changé; mais c'est égal, vous v'la un bel homme maint'nant; et j'suis ben joyeux d'vous voir cheux nous.

— Je vous remercie de votre bon accueil, Claudin; me voici effectivement dans ce pays, et sans doute pour long-temps.

— Tant mieux, Monsieur, j'ferai d'mes pieds et d'mes mains tout c'que j'pourrai pour qu' vous n'vous ennuyiez pas, d'abord.

— C'est assez, va, mon homme, n'faut pas toujours causer; ces messieurs et ces dames ont voyagé, ils doivent avoir appétit. Voyons ta gibecière, est-elle ben garnie?

— Ah! ça n'va pus comme autr'fois, not'femme, j'suis un peu long à ajus-ter à présent, et l'gibier d'ces montagnes court mieux que jamais; voilà pourtant un joli levreau, deux bécassines, et trois perdrix, dont deux rouges; sans une sottise de Médor; j'aurais eu peut-être un chevreuil.

— C'te pauv' bête! il aura eu sa danse sûr'ment?

— Non, parc' que madame de Ligneville s'est trouvée là ; elle m'a d'mandé sa grâce.

— C'est une si bonne petite dame! reprit Julienne ; et, s'emparant du gibier, elle engagea Claudin à venir l'aider à préparer le dîner. Germain voulant aussi se rendre utile, les suivit à la cuisine, et madame Germain monta dans sa chambre pour y soigner sa petite fille.

C'était, depuis l'aventure de Dijon, la première fois que Thérèse se trouvait seule avec Robert ; elle désirait profiter de cette circonstance pour lui confier l'histoire de ses malheurs, et lui prouver, du moins par sa franchise, qu'elle était digne de sa protection : mais Robert, toutefois qu'il n'était pas incité à dévoiler la sensibilité de son âme, conservait un ton de froideur qui imposait à tous ceux dont il était entouré. Ses traits réguliers, mais sévères ; offraient dans leur ensemble cette beauté mâle qui distingue les habitans des contrées voisines du Vésuve et de l'Etna ; âgé de vingt-deux ans, son extrême pâleur, ses yeux noirs surmontés de sourcils bien arqués, ses cheveux bruns retombant ensemble derrière ses oreilles, la tristesse empreinte sur sa physionomie, et jusqu'à la couleur sombre de ses vêtemens : tout concourait à lui donner l'aspect d'un homme dans la maturité de l'âge, et semblait devoir inspirer le respect et la crainte. Cependant lorsqu'excité par le besoin de faire une bonne action, de reconnaître un service, ou d'être utile à son semblable ; lorsqu'il entendait les accens de la reconnaissance ; lorsqu'on invoquait sa pitié : ses yeux alors brillaient d'un éclat qui avait quelque chose de divin ; son front s'animait ; une teinte légère d'incarnat venait colorer ses joues, et tout son être exprimait la sensibilité de son cœur. Appuyé, en ce moment, contre l'embrasure d'une croisée, et enfoncé dans ses réflexions, il ne s'était point aperçu que Thérèse fût demeurée près de lui. Celle-ci, craignant de troubler ses méditations, osait à peine respirer : elle redoutait d'ailleurs le moment où elle devait se confier à sa générosité, et ignorait jusqu'à la manière dont elle commencerait le récit pénible qu'elle avait à lui faire. Assise près de la cheminée, elle était à son tour concentrée dans ses pensées, lorsque la chute d'un tison mal assuré dans l'âtre, ramena de son côté l'attention de son protecteur, et tous deux tressaillirent en se fixant.

— Pardon, Mademoiselle, je ne m'étais pas aperçu que vous fussiez restée dans cette salle.

— Je vous gêne peut-être, Monsieur; je vais me retirer.

— Je ne le souffrirai pas, à moins que vous ne m'assuriez que telle était d'abord votre volonté.

— Je ne puis dire cela, Monsieur; je désirerais au contraire obtenir de vous un instant d'entretien.

— De tout mon cœur, et je suis prêt à vous entendre.

— Je vous ai promis de vous faire connaître mes malheurs......

— Si quelque chose vous effraie dans cette confidence, Mademoiselle; si elle ne peut m'être utile, ou me fournir les moyens de vous servir, veuillez oublier l'engagement que vous avez pris; je n'en ferai pas moins tout ce qui sera nécessaire à votre bonheur, à votre repos.

— Cette bonté, Monsieur, vous donne un titre de plus à ma confiance.

Veuillez donc me prêter un moment d'attention :

« Ma mère est née à Besançon ; son père, ancien avocat, demeuré veuf avec un fils âgé de quatorze ans et une fille de quinze ans environ, s'occupait particulièrement d'achever l'éducation de cette dernière ; enfant de son choix, objet des soins les plus assidus, ma mère semblait, à son tour, devoir être la joie et le bonheur de sa vieillesse. Son fils venait d'entrer au collége. Ayant quitté les affaires, mon aïeul voulut se fixer à la campagne ; ce fut près des terres de M. de Surville, et non loin de cette habitation qu'il acquit une propriété dans laquelle il vint s'établir. Désirant entretenir quelques relations, il rendit alors une visite au Seigneur du lieu. Avant ce temps il avait suivi et heureusement terminé plusieurs procès existans entre la famille de Surville ; il fut reçu comme un ancien ami de la maison, par le jeune Comte qui venait de succéder à son respectable père dans la possession de ses domaines de Franche-Comté, et qui fit de lui son conseil le plus intime. M. de Surville avait alors un secrétaire nommé Delval; ce jeune homme venait souvent consulter mon aïeul sur différens principes d'économie, ou sur d'autres sujets concernant les intérêts du Comte. Il sut bientôt se concilier l'amitié d'un homme, sans défiance parce qu'il était sans artifice : M. Delval avait d'ailleurs des dehors agréables, une éducation soignée, et, se trouvant honoré de la bienveillance du Comte qui avait déjà commencé sa fortune, il fut reçu par mon grand-père comme pouvant un jour faire partie de sa famille. En effet, mon aïeul s'aperçut bientôt que M. Delval avait des droits sur le cœur de son Hortense; il ne chercha point à contrarier une inclination qu'il croyait réciproque, et qui d'ailleurs entrait dans ses vues; cependant il voulut s'assurer des desseins de son jeune protégé, et, après avoir acquis la preuve qu'ils étaient d'accord avec les siens, et qu'il appartenait à des parens recommandables, dont il avait déjà l'aveu, il ne balança plus à lui confier le sort de sa fille. Une époque fut fixée pour cette union ; mais, lorsque cet honnête vieillard croyait toucher au moment d'assurer le bonheur de sa fille chérie, un déplorable événement fut le présage d'un malheur plus déplorable encore. Ayant placé la plus grande partie de sa fortune chez un riche banquier, il apprit bientôt qu'une banqueroute venait d'emporter l'héritage de ses enfans. Il communiqua cet accident à M. Delval; celui-ci eut la bassesse d'exiger qu'on lui rendît sa parole. Mon aïeul ne pouvait balancer un instant ; mais il vit le désespoir de sa fille, et, sans en connaître les trop justes motifs, déjà frappé de coups assez cruels, il fut saisi d'une fièvre violente qui, en moins de trois jours, l'entraîna dans la tombe. Dois-je, hélas ! vous l'avouer ?

ma mère avait été indignement séduite.
Elle vint se jeter aux pieds de M. de Surville, réclama son appui près de son
suborneur, et ce ne fut que par l'autorité du Comte qu'elle devint l'épouse de
l'être qu'elle adorait, et qui n'avait ré-
compensé sa tendresse qu'en voulant la
vouer à l'infortune et au mépris. Tel
fut, monsieur Robert, le lien auquel je
dois l'existence : que pouvait-on attendre
d'une union formée sous de semblables
auspices? Hélas! vous verrez bientôt
quelle fut la conduite de M. Delval envers ma trop faible et trop malheureuse
mère, envers celle qui croyait à son
repentir ; vous verrez par combien de
larmes et de tourmens elle a expié sa
trop fatale erreur. M. de Surville, par
respect pour la mémoire d'un homme
qu'il avait aimé, sut, par ses secours,
conserver à ma mère une partie du domaine qu'elle habitait ; il se chargea
aussi de l'éducation du jeune Edmond,
ce frère de ma mère que j'espérais trou-

ver à Besançon. Connaissant le caractère sordide du malheureux Delval, il augmenta les avantages qu'il lui faisait d'abord, afin que, retrouvant à peu de chose près la fortune qu'il avait espérée, mon père recouvrît également des sentimens dignes de son épouse. Mais les cœurs ingrats se resserrent à la présence d'un bienfaiteur ; l'homme ambitieux ne peut être satisfait d'une existence honorable, et bientôt M. Delval, persuadé qu'il ne pouvait plus rien attendre de la libéralité du Comte, ne garda plus aucune mesure : il affecta pour son épouse le plus froid mépris ; il osa lui faire un crime des suites fatales de sa séduction ; l'accusa d'avoir employé la ruse et la contrainte pour l'enchaîner à son sort ; l'accabla des traitemens les plus injurieux et les plus barbares ; lui infligea toutes les privations qui sont ordinairement la punition du crime ; l'enferma dans sa chambre, ne lui laissant d'autre nourriture que le pain de la misère et l'eau qui devait alimenter ses larmes ; la plaçant sous la seule protection , ou plutôt la seule surveillance d'une femme , rebut de son sexe , et dont l'inhumanité ne fit qu'aggraver les maux de ma malheureuse mère : ce fut à cette époque d'angoisses et de souffrances que je reçus le jour.

Cependant, le Comte s'était plusieurs fois informé de la situation de l'épouse de Delval ; celui-ci, dans un dernier entretien, crut devoir accuser sa paternité. Le lendemain, sans en prévenir personne, M. de Surville se rendit chez son secrétaire, dont la maison n'était qu'à une forte lieue du château ; la femme gardienne lui ayant ouvert la première entrée, commença par l'assurer que sa maîtresse n'était point au logis.

— Cela ne peut être , répondit le Comte, Delval m'a dit qu'elle est accouchée depuis deux jours, et dans se cas une femme ne quitte pas sa maison si promptement.

— Ah! vous savez donc tout? répartit cette femme; c'est qu'il ne m'avait pas prévenue; mais puisqu'il en est ainsi, entrez: je vais vous conduire près de la belle affligée.

Surpris du ton et des manières de cette femme, le Comte la suivit dans un corridor éloigné des appartemens qu'il avait vu habiter à son ancien ami, car il donnait ce nom à mon aïeul; cette femme, sans l'annoncer, l'introduisit dans la chambre de la triste et malheureuse Hortense. A l'exclamation que fit ma mère en voyant entrer M. de Surville dont elle prononça le nom, sa geôlière parut stupéfaite; elle voulut parler, mais un regard du Comte la pétrifia, et un geste la força de se retirer; cependant, comme ma mère pouvait avoir besoin des soins de cette créature, celle-ci reçut l'ordre de laisser la porte ouverte, et de se tenir à une certaine distance dans le corridor qui donnait en face du lit dans lequel la pauvre accouchée se trouvait encore. La première intention de ma mère avait été de cacher à son bienfaiteur les chagrins dont elle était accablée, mais sa situation ne pouvait échapper aux observations du Comte. La secousse qu'elle venait d'éprouver ne pouvait être la seule cause des ravages qu'il remarquait dans ses traits ; les premières expressions de sa gardienne, sa stupéfaction lorsqu'elle avait entendu prononcer son nom ; le dénuement absolu des choses les plus nécessaires dans la chambre délabrée de madame Delval ; l'isolement auquel elle paraissait être condamnée, dans un moment où la femme doit se voir entourée des prévenances de l'art, et des soins de l'amitié : tout ce qui s'offrait à ses regards concourait à donner au Comte la conviction que l'infortunée qu'il contemplait alors, était la victime des plus affreux calculs, ou du plus lâche abandon : il crut donc de son devoir de la presser des plus vives questions, de lui renouveler l'assurance de sa protection et du désir qu'il avait de la voir heureuse. Ma mère, oppressée par ses chagrins, ne put d'abord lui répondre que par ses larmes; mais enfin, sollicitée de nouveau d'avouer toute la vérité, soit qu'elle crut qu'il était possible de ramener son époux à des sentimens plus humains, soit encore que, comme mère, elle ne se sentit plus la force de supporter ses maux, elle confia à M. de Surville une partie de ses souffrances, et le pria, pour seul prix de cette confidence, d'obtenir qu'on lui laissât son enfant, que déjà on avait menacé de lui enlever. M. de Surville, pénétré d'indignation, fit cependant en sorte de ne point effrayer ma mère sur les suites de son courroux, chercha à la rassurer, en lui faisant entrevoir un plus heureux avenir, et sortit pour retourner au château où son secrétaire, ignorant cette démarche, devait sans doute l'attendre.

Le Comte, en arrivant, envoya aussitôt prier M. Delval de se rendre dans son cabinet. Il lui fit d'abord sentir, avec une sage modération, les torts qu'il avait envers son épouse, l'engagea avec douceur de changer de conduite à son égard, et lui donna les plus généreux conseils, cherchant à lui faire apprécier les devoirs qu'il avait à remplir comme époux, comme père, et enfin comme devant satisfaire aux principes de l'honnête homme. Mais M. Delval, se trouvant sans cesse dans un état de contrainte avec son bienfaiteur, était depuis long-temps décidé à s'affranchir de ses avis; il reçut alors avec une hauteur insolente les observations du digne Comte; prétendit qu'en acceptant un emploi dans sa maison, il n'avait pas contracté l'obligation de se placer sous sa tutelle, et sortit en jurant de se venger de celui qui voulait le rendre à l'honneur. Il sentit pourtant bientôt qu'il restait assez de pouvoir à son ancien protecteur pour le punir du mépris qu'il avait fait de ses conseils ; il quitta donc promptement la Franche-Comté, emportant avec lui tout ce qu'il possédait, et ne regrettant que de n'avoir pu vendre ce qui constituait le douaire de la malheureuse épouse qu'il abandonnait.

Depuis cette époque ma mère vécut en paix, s'occupant des soins de sa petite propriété, et sacrifiant ses épargnes à faire perfectionner mon éducation dans un des meilleurs pensionnats de cette province. Mon oncle, pendant ce temps, avait achevé ses études, et remplissait avec distinction la profession d'avocat au barreau de Lons-le-Saunier; déjà par ses travaux il avait pu racheter l'ancienne maison que mon aïeul maternel possédait à Besançon, il résolut alors de venir habiter cette ville. Mais un incident que je ne puis omettre vint encore augmenter les chagrins de mon infortunée mère, et la conduisit bientôt au dernier de ses malheurs. Le gouvernement révolutionnaire venait d'établir son funeste tribunal; depuis quatre ans M. de Surville habitait la Capitale et continuait d'y demeurer, croyant sans doute s'y trouver plus en sûreté, ou du moins avec l'intention d'y montrer sa conduite dans un plus grand jour, afin d'éviter les persécutions qui s'attachent encore aux hommes de son rang. Cependant, trois ans après son départ, le bruit se répandit qu'il avait vendu toutes ses propriétés; ma mère était donc demeurée sans aucune autre relation dans ce pays, et se condamnait sans murmurer à une éternelle solitude, espérant toutefois qu'elle aurait l'avantage de revoir son frère et que leur voisinage offrirait quelques douceurs à la monotonie de son existence. Effectivement elle apprit bientôt que ce frère était arrivé à Besançon; ce fut dans ce même moment que ma mère reçut pour la première fois, depuis quatorze ans, une lettre de son coupable époux. Cette épitre était remplie

des expressions du plus vif repentir ;
M. Delval annonçait que, grâce à ses
travaux et aux heureuses spéculations
qu'il avait faites, sa fortune suffisait pour
donner à son épouse un rang recom-
mandable dans la société; il suppliait sa
chère Hortense de lui pardonner ses
erreurs, de vendre la retraite qu'elle
possédait, et de venir le joindre avec
sa fille : enfin, il terminait par un éloge
pompeux, mais juste, de la conduite
sans reproche de cette vertueuse épouse,
pendant les années qui s'étaient écoulées
depuis son départ. Ma mère, malgré ses
justes motifs de plainte, crut devoir
rendre un père et un protecteur à sa
fille, et répondit sur-le-champ qu'elle
cédait aux désirs de son époux, et qu'elle
se croyait heureuse de retrouver en lui
l'objet de ses premières et de ses der-
nières affections. Elle écrivit en même
temps à son frère pour l'instruire de
cet heureux changement et lui annoncer
l'époque où elle devait, en partant pour

Paris, passer quelques jours dans sa nouvelle habitation, sous le toit de leur enfance.

Tout fut bientôt disposé pour ce fatal voyage; un étranger acheta par pro-
curation notre propriété, et ma mère
descendit alors de ces montagnes pour
se rendre d'abord près de son frère.
Mais quelle fut sa surprise lorsqu'à
son arrivée à Besançon, une vieille
femme, enveloppée de sa mantille, mais
dont elle crut reconnaître la voix, lui
remit la lettre suivante:

« Je vous fais grâce, Madame, de la
visite que vous avez l'intention de me
faire; les jours que vous donneriez à
votre frère, seraient enlevés à M. le Comte
de Surville, qui sans doute est impa-
tient de revoir celle dont il a comblé le
déshonneur. Ne faites aucune démarche
pour vous justifier, elles seraient toutes
inutiles ; je quitte d'ailleurs ma maison
pour n'y rentrer que lorsque je serai
bien certain, que vous êtes allée rejoindre
votre protecteur. Adieu.

D'où pouvait naître la calomnie qui avait servi de texte à ce billet de mon oncle? ma mère l'ignorait : assurée de son innocence, elle pensa qu'il devait être bien facile à persuader, et en même temps bien injuste, de la condamner sans vouloir l'entendre; une pareille conduite était au moins inconséquente, de la part de l'avocat, et peu digne d'un bon frère. Cependant il refusait de la voir, et, trop fière de sa conscience pour descendre jusqu'à la prière, elle se contenta de lui adresser quelques mots, en lui faisant parvenir la lettre de M. Delval, qui devait être pour lui la preuve la plus convaincante qu'il n'avait cédé qu'à de perfides insinuations. Elle passa néanmoins deux jours encore à Besançon, et, ne recevant aucune espèce de réponse, elle vint me prendre à la pension et nous partîmes dans une voiture publique qui devait nous conduire jusqu'à notre destination. Cette voiture, quoique pouvant contenir un plus grand nombre de voyageurs, n'était occupée que par nous et deux hommes que nous jugeâmes, à leur accent, devoir être italiens; ils eurent d'abord les plus grands égards pour nous; ils ne semblaient s'attacher qu'à prévenir nos moindres désirs, n'être intéressés qu'à nous combler des soins les plus délicats, et à nous distraire des ennuis du voyage. Cependant, lorsqu'ils ne se croyaient point observés, quelque chose de sinistre dans leurs regards venait parfois obscurcir la gaîté qu'ils affectaient, et m'inspirait des doutes sur la franchise de leur conduite. J'en parlai même à ma mère qui, loin de partager mes idées, me les reprocha comme une espèce d'ingratitude envers ces étrangers. La voiture qui nous conduisait s'arrêtait chaque soir, et nous avions l'habitude de passer la nuit dans l'auberge où nous descendions; arrivés à Troyes, nos deux compagnons nous engagèrent

à ne pas demeurer avec notre conducteur, nous assurant qu'on était très-
mal reçu dans l'auberge où il devait
rester ; que les appartemens y étaient
malsains ; que, dans un voyage pré-
cédent, ils avaient tous deux été ma-
lades des suites du séjour qu'ils y avaient
fait, et qu'enfin ils en connaissaient
une autre où nous serions parfaitement,
et pour un prix très-modéré.

Ma mère, plus encore pour moi que
pour elle-même, crut devoir écouter
leurs conseils et nous les suivîmes, en
faisant transporter nos bagages dans
cet hôtel, très-éloigné de celui où nous
étions descendues, et où ils nous assu-
rèrent que la voiture viendrait nous
prendre le lendemain. Lorsque nous
fûmes installées, un des étrangers vint
solliciter, comme une grâce, pour lui
et son ami, la faveur d'être admis à
notre souper, laissant entrevoir qu'à
l'honneur qu'il en recevrait s'unissait
un principe d'économie dont ils dési-

raient ne point s'écarter, et qu'ensemble on ne payerait pour quatre guères plus que pour deux, s'ils se faisaient servir séparément. Ma mère consentit à cet arrangement, et l'on nous servit dans une chambre voisine de celle que nous occupions. Le repas fut gai, et les deux amis continuèrent encore à nous combler de prévenances : toutefois, à travers leurs politesses, il était facile de distinguer qu'ils avaient peu d'habitude du monde et des usages de la bonne compagnie ; mais leur qualité d'étrangers devait être leur excuse, et, touchée, à mon tour, de leurs procédés, j'étais absolument revenu de mes préventions. Enfin, le souper fini, ma mère prit congé de ses hôtes, et, avant que nous soyons rentrés dans notre chambre, les deux compagnons se retirèrent, en promettant de nous faire éveiller le lendemain une heure avant le départ de notre diligence.

Je dormis profondément, et le soleil

pénétrait déjà dans notre appartement,
lorsque, me précipitant hors de mon lit,
et m'étant promptement habillée, je
m'avançai près de ma mère, pour lui
témoigner ma surprise de ce que l'on
ne nous avait point encore prévenues
pour le départ; je l'appelai plusieurs
fois..... vainement, hélas! elle dormait
d'un sommeil éternel!.... Mes cris atti-
rent bientôt près de moi tous les habitans de l'hôtel; on s'empresse autour
de ma malheureuse mère, on cherche
à la rappeler à la vie : inutiles efforts..,.
Deux médecins appelés et qui arrivent
aussitôt, déclarent qu'elle est morte em-
poisonnée..... L'idée me vint alors de
faire chercher les deux étrangers;.....
ils avaient disparu. J'appris ensuite que
le conducteur, trompé par un faux
message qui lui annonçait que tous ses
voyageurs restaient en cette ville, après
avoir été satisfait par l'émissaire, avait
continué seul sa route vers la Capitale.
On fit une enquête; les deux misérables

furent soupçonnés et non pas atteints ;
en nous quittant, ma mère et moi, la
veille, ils avaient dit aux habitans de
l'auberge qu'ils nous avaient laissées
animées par une querelle violente ;
ceux-ci interrogés déclarèrent ce qui
leur avait été rapporté. On m'interrogea
à mon tour sur cet incident ; mon indignation fut telle que je ne pus répondre
que par des sanglots ; interprétant mon
silence, les juges me firent traîner en
prison.

Après quinze jours de nouvelles angoisses, traduite devant un tribunal, je
fus sur le point d'être indignement con-
vaincue du plus horrible des forfaits :
cependant un ancien jurisconsulte, qui
avait été l'ami de mon aïeul, entreprit
ma défense, et j'échappai par son secours à l'ignominie d'une injuste condamnation. Je m'aperçus alors que
les bons cœurs n'avaient point partagé
les soupçons qui planaient sur moi :
lorsque le président prononça le ju-

gement qui me rendait à l'honneur, il ne put, malgré son autorité, contenir les cris de joie qu'un public nombreux fit retentir de toutes les parties de l'auditoire. Au sortir de l'audience plusieurs femmes m'enlevèrent dans leurs bras et me portèrent en triomphe jusqu'à la maison habitée par mon généreux défenseur ; mais j'avais perdu connaissance, et ce ne fut que par les secours de l'art qu'une heure après on parvint à me rappeller à la vie.

Je passai quelques jours chez mon nouveau protecteur, environnée des soins les plus attentifs ; il me conseilla de me rendre près de mon oncle, et de réclamer son appui, s'excusant sur son grand âge et ses infirmités de ne pouvoir m'accompagner lui-même jusque chez le fils de son ancien ami. Il me remit une lettre dans laquelle il instruit mon oncle de tous les événemens qui ont précédé la fin tragique de ma malheureuse mère, et des soupçons qu'il a pu concevoir sur les causes de cet attentat. Je reçus en même temps de lui le portefeuille contenant notre petite fortune, et qui, lorsqu'on eut transporté ma mère dans son dernier asile, avait été trouvé sous le chevet de son lit de mort; elle en avait un autre rempli de ses papiers de famille, et je puis croire qu'il lui fut enlevé, dans la croyance qu'il contenait d'autres valeurs. Mon bienfaiteur, préférant me confier à une voiture de retour qui se rendait à Dijon, et dans laquelle je voyageai seule, que de m'exposer de nouveau à de mauvaises rencontres dans les voitures publiques, me donna une lettre de recommandation pour une dame de la capitale de la Bourgogne et me quitta, après avoir reçu les expressions de ma reconnaissance, en me répétant les plus sages conseils, et me comblant de ses bénédictions.

Aucun événement, jusque là, n'était venu troubler mon voyage, si j'en excepte les informations que, deux jours avant mon arrivée, un homme à cheval, et dont je ne pus distinguer les traits, vint prendre près de mon conducteur, à la porte d'une auberge, pendant que celui-ci attelait ses chevaux pour continuer sa route. Cet étranger désirait connaître le but de notre voyage.

Il était nuit et assez tard, lorsque nous arrivâmes à Dijon. En descendant de voiture, je demandai de suite un guide pour me conduire chez la personne à laquelle j'étais recommandée; et, plusieurs s'étant offerts, je choisis un vieillard qui se trouvait près de moi. Pendant que je tirais de mon sac de nuit, le portefeuille qui contenait ma petite fortune ainsi que la lettre que je devais remettre, je remarquai, sans trop m'y arrêter, dans le fond de la salle obscure où j'étais descendue, deux hommes couverts de larges chapeaux, et enveloppés de longs

manteaux, qui semblaient me considérer avec attention : ils disparurent
presqu'au même instant, et j'oubliai
cet incident. Enfin, je suivis mon guide
dans plusieurs rues étroites, pendant
environ dix minutes, et il m'annonçait
que nous étions sur le point d'arriver
à l'adresse que je lui avais indiquée,
lorsque tout à coup il fut assailli par
ces deux mêmes hommes que j'avais
remarqués, et forcé de fuir : il me
laissa au pouvoir de ces brigands. Mes
premiers cris avaient été promptement
comprimés par l'un d'eux, et déjà,
m'entraînant avec violence, ils cher-
chaient à s'emparer du portefeuille que
j'avais placé dans le corsage de la re-
dingotte dont j'étais vêtue, lorsque le
brave Maréchal des logis vint m'arra-
cher de leurs mains. Le reste vous est
connu : vous savez quelle est l'étrange
réception qu'on m'a faite dans la maison où j'espérais trouver un asile. Mon
oncle, si j'en crois cette femme qui ha-

bite son domicile, aurait pris récemment le parti des armes, et se serait éloigné de cette province. Il ne me reste donc aucun parent, aucun ami, dont je puisse réclamer la protection. J'ai dans ce portefeuille une valeur d'environ cinquante mille francs ; mais comment en diriger l'emploi : je suis dans une profonde ignorance, Monsieur, de tout ce qui peut constituer l'économie, et les besoins de l'existence. Vous avez daigné m'accueillir un instant, vous m'avez accordé un généreux secours : grâce à votre bonté, l'orpheline a trouvé un toit hospitalier : doit-elle s'attendre à se voir encore exposée à tous les dangers de la vie? sera-t-elle abandonnée du seul protecteur qui lui fût offert par la Providence? ne consentirez-vous pas, en vous chargeant du peu de fortune qu'elle possède, à lui conserver un asile, à lui servir de père? Hélas! elle n'a d'espoir qu'en vous. »

Thérèse avait ainsi terminé l'histoire

de ses malheurs, et d'abondantes larmes coulaient de ses yeux. Robert l'avait écoutée avec la plus vive attention : maintenant elle attendait sa réponse ; elle ne pouvait être tardive ; le cœur de Robert l'avait prononcée d'avance.

— Séchez vos larmes, Mademoiselle ; si elles n'ont d'autres causes que les craintes que vous m'exprimez, la source en sera pour jamais tarie ; oui, j'accepte avec empressement l'emploi que vous m'avez offert ; oui, je vous servirai de père, et saurai m'acquitter des devoirs qui se rattachent à ce respectable titre. En remplissant cette tâche honorable, je prouverai du moins que je suis digne des soins qu'un autre a eus pour moi ; car, ainsi que vous, je fus, dès la plus faible enfance, abandonné à des soins étrangers ;.... j'ignore même, encore en ce moment, jusqu'au nom des auteurs de mes jours..... Robert allait sans doute répondre à la confiance de Thérèse, et lui faire à son tour le récit de ce qu'il

connaissait des circonstances de sa vie,
lorsque Julienne vint troubler leur entretien, et annoncer madame de Ligneville, qu'elle avait aperçue au loin, à
travers la grille, et qui se dirigeait vers
la maison de Robert. Celui-ci crut devoir
attendre cette Dame dans le salon, bien
qu'il ne fût nullement préparé à une si
prompte visite, et ordonna à sa vieille
nourrice de ne le faire connaître que
sous le nom de monsieur Lambert. Thérèse se retira, et Julienne alla se placer
au milieu de la cour pour y attendre la
jeune étrangère. Pendant ce temps, madame Germain était redescendue avec
sa petite fille qui avait dormi depuis son
arrivée, et venait faire voir à Robert
les roses qui couvraient la joue de son
enfant adoptif. Madame de Ligneville
parut bientôt à la grille qui soudain lui
fut ouverte.

Cette Dame semblait avoir au plus
dix-sept ans; sa taille était légère, ses
traits délicats et réguliers; une agréable

fraîcheur colorait ses joues, et ses yeux bruns, d'accord avec sa chevelure, brillaient du plus vif éclat. Elle était vêtue d'une robe de drap bleu à l'amazone; un chapeau rond de castor, haut de forme, et se terminant en cône, aplati vers la sommité, contenait ses longs cheveux, relevés en plusieurs tresses dirigées derrière ses oreilles et s'agitant sur ses épaules; sa voix était sonore, et sa démarche, d'une extrême vivacité.

— Bon jour, ma bonne Julienne.

— Vot' servante, ma bonn' Dame.

— Eh bien! avez-vous encore des fleurs? Il m'en faut aujourd'hui une grande quantité : c'est la fête de mon cher beau-père, il s'appelle Martin. Avez-vous jamais vu un homme comme lui s'appeler Martin? En vérité, si je l'avais su avant d'épouser son fils, je crois que je serais encore demoiselle. Comment lui faire un compliment en vers avec un tel nom? Martin! Bien certainement mes enfans n'auront jamais un nom semblable. Mais voyons , avez-vous encore des roses, des œillets? vos chrysantêmes sont-ils en fleurs? votre mari portera-t-il de sa chasse au château? A propos, ce pauvre Médor, je lui en ai sauvé une bonne ce matin, Claudin vous a-t-il conté cela?.... Qu'est-ce que je vois donc à travers ces croisées? Un jeune homme! une femme avec un enfant! Qui sont-ils? Il paraît très-bien, le jeune homme.

— C'est M. Lambert.

— Lambert! Eh bien voilà encore un nom détestable. Nous avions à ma première pension une sous-maîtresse qui se nommait ainsi , elle était méchante ! Ah !.... il me semble encore la voir avec son éternelle robe rouge ! Mais dites-moi donc, quel est ce M. Lambert ?

— C'est mon ancien nourrisson, il arrive d'Paris, avec un enfant, une nourrice, une jeune d'moiselle et un domestique.

— Un enfant, une jeune demoiselle,

cela sent bien le romanesque. Et dites-moi, reste-t-il définitivement dans ce pays?

— Oui, ma bonn' Dame, ils demeureront ici, c'est décidé.

— Alors il faut que mon charmant mari vienne faire une visite.

— Mais si vous voulez, M. Rob..... M. Lambert est là, il se fera un plaisir d'vous voir.

— Non, non, cela ne serait pas convenable. A revoir, Julienne, je reviendrai; cueillez toujours toutes vos fleurs. Adieu. » En achevant ces mots, elle s'éloigna en courant, et disparut bientôt parmi les rochers. Julienne, après avoir refermé la grille, vint rendre compte à son maître de sa conversation avec la jeune Dame, et lui annonça le projet qu'elle avait d'envoyer son époux les visiter, afin de satisfaire elle-même sa curiosité. Ajoutant à tout ceci un éloge assez long des qualités de cette dame qui, quoiqu'elle fût bien étourdie, faisait beaucoup de bien aux pauvres du pays, n'était fière envers personne, connaissait tous les habitans par leur nom, à plus de deux lieues à la ronde.

—Car, voyez-vous, continua Julienne, c'est comm' qui dirait un vrai *viv'-argent*, elle ne reste pas un quart d'heure en place, saute les rochers comme un cabri, court toute la sainte journée, seule, d'montagne en montagne, d'chaumière en chaumière, sans jamais s'épouvanter d'rien ; quelquefois même elle porte un p'tit fusil, et alors ell' f'rait la guerre à tous les loups d'la contrée.

— Et quel est son beau-père? lui demanda Robert.

— Oh! c'est un ancien négociant qui avait fait une grande fortune avant c'te belle révolution ; alors il avait acheté des titres d'noblesse; quand on n'a pas voulu d'nobles, il lui a été ben facile d'prouver qu'i n'l'était pas ; et puis, comme il avait un fils dont i'n'avait jamais rien pu faire d'bon, i'l'a marié à la fille d'un ancien colonel qu'était mort à la guerre, et qui n'avait déjà pu d'femme : c'est donc c'te p'tite dame qu'vous v'nez d'voir. Son jeune mari est aussi paresseux qu'elle est vive et avenante ; i' n'sort presque jamais, et tient compagnie à son père avec qui i' s'dispute toujours, en jouant à un jeu qui disent comm' ça qu'c'est des dames : l'vieux M. d'Ligneville a la goutte, et voilà deux ans qu'i' n'a pas quitté sa chambre. » Julienne allait continuer ses details ; mais Robert la pria affectueusement d'aller s'occuper du souper, et au même instant il sortit pour aller parcourir l'intérieur du clos de son habitation. Deux allées de tilleuls formaient l'enceinte de la cour ; un joli parterre, soigneusement cultivé, entourait cette demeure jusqu'à la hauteur de la façade ; derrière et autour de ce même parterre, s'étendaient de jolis bosquets plantés d'arbustes odoriférans entremêlés de grands arbres qui, par la différence de leurs teintes et de leurs feuillages, formaient les masses les plus agréables et les plus variées: plus loin un vaste potager étalait ses richesses, et ensuite un riant verger, planté d'arbres fruitiers, présentait aux regards tous les trésors de l'automne: un ruisseau vif et limpide s'écoulait en cent détours, et ses bords tortueux, revêtus de mousse et de gazon, semblaient inviter au repos. Robert s'assit un instant près de cette charmante rive, afin de considérer l'ensemble de son domaine. Plusieurs minutes s'écoulèrent ainsi, et il souriait à cette vue, lorsqu'en suivant du regard le ruisseau dans ses détours nombreux, il crut apercevoir au loin, dans une des parties les plus sombres des bosquets, une portion d'un bloc qui semblait appartenir à quelque monument. Il dirigea soudain ses pas de ce côté, et découvrit bientôt un mausolée de granit, surmonté d'une urne en marbre noir, et ombragé de saules et de cyprès. Sur l'une des façades de ce monument, on lisait ces mots gravés en lettres d'or : *Au souve-nir de la plus aimante des femmes et de la plus malheureuse des mères,* 1792. Robert, pénétré d'un saint res-pect, contemplait avec tristesse ce lieu funèbre, et cherchait à se rendre compte, par ce qu'il connaissait de la famille de son protecteur, auquel de ses mem-bres il pouvait être consacré ; mais au-cune de ses pensées ne pouvait s'accor-der avec cette singulière épitaphe. La maison avait été achetée pour lui ; M. de Surville lui-même avait dû faire élever ce sarcophage : sa date récente le prou-vait. Robert devait donc être intéressé à sa conservation. Serait-il le fils de cette mère infortunée ?.... Mille réflexions se succédaient dans son esprit agité, et cependant aucun indice ne pouvait le conduire à la découverte de la vérité ; il résolut pourtant d'entretenir sa vieille nourrice et de tâcher d'obtenir de ses aveux quelques éclaircissemens : il quitta donc ce lieu funèbre, et se dirigea vers sa demeure où il fut bientôt de retour.

Claudin avait été élevé dans le château de Surville dont son père était le jardinier; Julienne aussi avait eu pour père et mère des gens attachés au vieux marquis et à la vieille marquise de Surville; ils avaient succédé l'un et l'autre à leurs parens, et s'étaient vus attachés au Comte actuel jusqu'au moment où, par son ordre, on les avait établis dans la maison de Robert. Ils devaient donc, selon toute apparence, connaître ou soupçonner au moins la tradition établie sur ce tombeau; ils pourraient peut-être aussi fournir à leur jeune maître quelques lumières sur le mystère de sa naissance. Il les fit donc appeler tous les deux dans sa chambre, et les pressa de lui révéler toutes les particularités qu'ils pouvaient avoir apprises touchant ses rapports avec la famille de leurs anciens maîtres. Voici ce qu'il put recueillir:

Le frère aîné du Comte avait eu une jeunesse extrêmement orageuse : après la mort de sa mère , il avait voulu jouir, malgré sa minorité, de la portion des biens maternels qui devaient un jour lui revenir, et son père, craignant les effets d'un naturel altier, obtempéra à ses désirs. A l'aide de ce secours, il voulut aussitôt voyager en Italie, en Espagne et en Grèce, afin d'y visiter les antiques monumens et les lieux célèbres dont ses études lui avaient révélé l'existence. Ce voyage pourtant fut moins long et moins étendu qu'il ne l'avait lui-même supposé d'abord. Livré à ses plaisirs, il passa six mois à Naples, au milieu des fêtes, et environné de tout ce que la société de cette ville offrait de plus brillant. Prodigue plutôt que généreux, il n'épargnait rien pour surpasser en luxe et en faste les plus riches habitans de cette cité : tous vantaient la beauté de ses équipages, la galanterie de ses fêtes, la délicatesse de ses festins, et se montraient réciproquement les cadeaux qu'ils en avaient reçus Mais tout cela devait avoir un terme : il finit par contracter plusieurs dettes d'honneur; il sollicita de la bonté du Marquis les moyens de s'acquitter; mais celui-ci, ne voulant pas encourager une conduite qui pouvait entraîner son fils à la perte totale de sa fortune, ne consentit à le secourir que sous les conditions expresses qu'il reviendrait en France, et qu'il épouserait une jeune personne, fille d'un ancien ami de son père, qui lui était destinée dès sa naissance.

Il revint effectivement au château de Surville; le Marquis tira de son retour la conséquence qu'il voulait satisfaire à ces conditions; il paya les dettes de son fils, et le présenta ensuite à son ami comme celui qui devait resserrer encore les liens de leurs deux familles. Le jeune Adolphe de Surville, ce frère du Comte, demanda quelques mois de délai, supposant une légère affection de poitrine, dont il voulait avant tout se guérir; mais ce qui n'était en effet qu'un prétexte pour gagner du temps, et trouver les moyens d'échapper au nœud qu'on voulait lui imposer. Ce fut pendant l'année qui s'écoula entre cette époque et son mariage qu'un enfant, de deux mois environ, fut remis à Julienne par le vieux Marquis lui-même, en lui recommandant d'en avoir le plus grand soin. Cependant la jeune personne destinée au jeune Adolphe de Surville, venait de sortir du couvent où elle était pensionnaire, et il lui fut présenté; elle était douée des qualités les plus aimables, de l'extérieur le plus séduisant : Adolphe insensiblement devint moins triste, et bientôt son mal disparut entièrement. Les fiançailles ayant eu lieu au château, les deux familles se rendirent à Paris pour y célébrer le mariage. Dans le même temps, et sitôt après leur départ, une jeune dame au désespoir arriva au château de Surville, prétendit qu'elle avait été trompée, qu'on était parvenu à lui enlever son enfant, en lui faisant entrevoir qu'elle deviendrait l'épouse de celui auquel elle avait tout sacrifié. Cette Dame avait un accent étranger ; on sut aussi qu'elle habitait Arbois, petite ville à quelques lieues de là, depuis le retour d'Adolphe en Franche-Comté ; elle redemandait son fils avec les plus vives instances. Un jeune homme qui, depuis peu, s'était introduit dans la famille de Surville, était demeuré au château comme chargé d'affaires ; il avait donné les ordres les plus sévères, au nom du Marquis, de ne céder à aucune prière qui aurait pour but d'éloigner de ce lieu l'enfant confié à Julienne, et sa mère ne put obtenir de le voir. Il vint lui-même intimer à cette Dame l'ordre de sortir du château, et la traita avec ignominie. Cette malheureuse connaissait ce jeune homme, il était, comme elle, étranger et en France depuis la même époque; elle se précipita à ses pieds en fondant en larmes, et réclama sa pitié : mais vainement ; elle ne reçut de lui que des reproches les plus amers, et les plus cruelles injures : enfin , contrainte de sortir , elle s'éloigna dans le plus affreux désordre. Le soir de ce même jour , un pâtre vint annoncer qu'une jeune femme s'était précipitée du haut de la montagne dans le gouffre appelé *le bout du monde*, qui se trouve au nord du village de Beure : un mouchoir marqué des initiales N. G. fut retrouvé sur le bord de la Cataracte dont les eaux tombent dans cette abîme , et le chargé d'affaires assura que ce mouchoir appartenait à la dame qui avait paru au château. Depuis ce temps, Claudin et Julienne n'avaient point revu M. Adolphe de Surville ; seulement deux ans après cet événement, Robert avait été emmené par le Comte actuel, au moment de son premier mariage qui se fit également à Paris. Les deux frères avaient perdu leurs premières épouses, à peu près à la même époque, sans avoir eu de successeurs à leur nom ; ce qui probablement les avaient engagés plus tard à former de nouveaux liens. Lorsque Claudin et Julienne avaient été établis dans la maison de Robert, l'homme de confiance qui avait été chargé de l'ameublement, fit ajouter aux plantations du clos et élever le monument qui se trouve dans les bosquets ; mais sans instruire les gardiens du nom de la personne à laquelle il était consacré.

Ces nouveaux détails , que sa perspicacité, plus que la logique des narrateurs, lui avait fait comprendre , éclaircissaient une partie des doutes de Robert : il était le fils d'une infortunée qui, après avoir été victime de la séduction , abandonnée, livrée à son seul désespoir, avait elle-même terminé des jours voués au déshonneur. Mais quel pouvait être l'auteur de ses maux ? quel était ce jeune étranger dont elle avait réclamé la pitié, et qui l'avait repoussée avec tant de dureté ? devait-il reconnaître en lui l'auteur de ses jours ?..... D'où pouvait naître

ensuite l'intérêt qu'avait pris à son sort
le vieux Marquis, et plus tard le jeune
comte de Surville? Ce dernier seul pouvait l'affranchir de ses doutes; mais quand
lui serait-il permis de le revoir! Banni
de sa patrie, peut-être même au pouvoir de ses persécuteurs, il pouvait terminer sa vie dans l'agonie de la misère,
ou sous la hache des bourreaux révolutionnaires. La France alors était livrée à
la plus sanglante anarchie; la guerre
civile y étendait ses ravages; plusieurs
de ses premières villes s'étaient fermées
à l'approche des armées du gouvernement: Lyon venait d'ouvrir ses portes,
et des massacres juridiques avaient si-
gnalé sa soumission. Toulon résistait
encore, et sa population nombreuse, livrée aux horreurs de la famine, avait
encore à combattre le fer de ses concitoyens. Les Autrichiens dévastaient l'Alsace, les Espagnols s'emparaient de
Port-Vendre et de Bagnols; la Vendée
était devenue le théâtre de tous les

crimes : l'évêque d'Agra, l'évêque d'Autun, l'évêque de Paris, Fabre d'Églantine, Lavoisier, le vertueux et courageux Lamoignon de Malesherbes, étaient condamnés à perdre la vie ; mille autres, recommandables par leurs talens ou l'énergie de leurs vertus, succombaient sous le glaive de la terreur : partout des échafauds ; en tout lieu, des victimes. La France espérait un instant qu'on allait suspendre ces assassinats : Isabeau s'était empressé de publier une lettre annonçant le supplice d'un prêtre et d'une religieuse, pour démentir les bruits de l'abolition de la peine de mort. *La société Dorat* avait proposé cette peine contre quiconque parlerait de paix tant qu'il existerait un Roi sur la terre. Une épouvantable disette régnait dans toutes les parties de la France, et les agens de l'étranger l'augmentaient encore en accaparant, à des prix exhorbitans, toutes les ressources de l'existence : enfin tout concourait à hâter la

ruine totale d'une nation égarée par les
plus criminelles intrigues.

Les peines de Robert l'avaient insensiblement conduit à songer aux malheurs de sa patrie. Ami de l'humanité,
il gémissait de ne pouvoir concourir au
bonheur de ses concitoyens; il réfléchit
pourtant que son séjour éloigné du
centre des crises politiques, lui per-
mettrait de se livrer à la bienfaisance ;
il résolut donc d'employer une certaine
somme à se procurer des provisions
qu'il ferait ensuite distribüer aux plus
indigens de son voisinage. La connaissance que madame de Ligneville avait
acquise de la position de chaque habi-
tant de ce canton, pouvait lui être d'un
grand secours dans l'exploration qu'il
comptait faire ; il était donc décidé à
accueillir son mari, s'il se présentait,
et à lui rendre sa visite, afin de lier
connaissance avec sa famille. Il venait
de prendre cette résolution, lorsqu'on
vint lui annoncer que le souper l'atten-

dait : il voulut que, pour cette fois, tous les habitans de la maison fussent de la fête, et se réunissent à la même table. Touché de sa bonté, chacun se rendit à son invitation, et le gibier de Claudin, malgré sa fraîcheur, arrosé du vin de Franche-Comté, parut à tous les convives une chère digne des gastronomes les plus délicats.

Laissons-les à table, et reportons nos regards vers les Etats de l'Electeur de Mayence, prince qui déjà n'avait plus de souveraineté.

CHAPITRE VIII.

Le comte de Surville, Lorber et Durand, grâce à monsieur Gorgerousse, étaient arrivés à Mayence de très-bonne heure : le Directeur ordonna aussitôt au postillon de le conduire dans la meilleure auberge de la ville, et celui-ci le descendit au Bouclier rouge, près du quartier des Juifs. C'était dans cet hôtel, que les gens d'un certain rang venaient savourer les *chefs-d'œuvre* de l'un des premiers cuisiniers de France ; c'est du moins ce que leur apprit un gourmand de bonne mine, homme d'une trentaine d'années, arrivé là depuis plusieurs jours, et grand admirateur des talens de ce savant dans l'art gastronomique.

— Si vous voulez, messieurs,.... non, non, je veux dire citoyens, je vais commander notre déjeuner ; je vous réponds que je m'y entends, et que vous aurez lieu de vous applaudir de mes connaissances en ce genre. D'abord je ferai faire du *macaroni;* j'en ai toujours avec moi, ainsi que du parmesan et de l'extrait de tomates pour l'assaisonner : nous aurons aussi un *stuffato* : ce sont là des mets de mon pays, et vous m'en direz des nouvelles : ensuite je me propose de vous faire arranger une carpe du Rhin, d'après un fameux auteur.....

— Tu m'as l'air d'un gaillard, lui dit monsieur Gorgerousse, en l'interrompant ; allons, ça va, ça va : fais faire le déjeuner, ça sera *tout de même* bien à propos, car j'ai une faim d'enragé; je n'irai faire mes visites qu'après avoir mangé : c'est que, vois-tu, Citoyen, je tiens aux vivres, moi; on arrêtera plus tard, si l'on peut, le comte de Souville, ou Séville...

— Comment as-tu nommé ce Comte? interrompit avec surprise l'homme officieux et gourmand.

— Souville, répartit Gorgerousse.

— Ce n'est pas ce que je croyais... mais je vais voir le chef, ajouta-t-il; et sortit précipitamment.

— Voilà un drôle de corps, dit le Directeur au Comte; il paraît être joliment sur sa bouche, *tout de même*. Puis, se tournant vers Frédéric : allons, philosophe, viens m'aider à ma toilette, je ne peux pas faire mes visites dans cet équipage; et toi, citoyen Gift, j'espère te voir à déjeuner, tu n'es pas homme à te faire attendre; tu as un assez bon appétit *tout de même*, ah! ah! ah!

Frédéric, en sortant avec son maître de la salle des voyageurs, avait porté sur Durand un regard suppliant, qui semblait lui rappeler le service qu'il en attendait..... La ville de Mayence, entourée de remparts formidables, gardés par de nombreuses troupes; ses portes surveillées par tout ce que les polices militaires et civiles peuvent avoir de plus actif; les examens les plus sévères; ne permettaient d'en sortir que munis d'ordres bien reconnus des autorités et visés par elles. M. de Surville avait fait cette remarque en entrant dans la ville sous la protection du Directeur; il considéra de nouveau le *titre* de Gift; et fut surpris d'y remarquer, pour la première fois, que le signalement de ce dernier se trouvait en marge de sa commission. Attiré par cette découverte, il parut perdre toute espérance de salut, et communiqua ses justes craintes à son fidèle Durand. Celui-ci fut également désolé de n'avoir pu prévoir ce contre-temps; il s'accusait d'être la cause des maux dont son maître était menacé : il aurait dû le détourner d'entrer dans cette malheureuse ville; enfin il se frappait le front avec la violence du désespoir, et son maître cherchait en vain à lui donner des consolations dont il avait besoin lui-même; lorsqu'un courrier, suivi d'un postillon, arrivant à franc étrier dans la cour de l'hôtel, fut reconnu par Durand pour le véritable possesseur du titre qu'ils avaient d'abord considéré comme leur sauve-garde.

— Nous sommes perdus, s'écria le Comte, cet homme ne peut avoir d'autre but que de nous faire arrêter; éloignons-nous..... Il n'était plus temps, et Gift entrait dans la salle.

Le commissaire secret fut alors aussi surpris de rencontrer nos deux fugitifs qu'ils l'avaient été eux-mêmes de le revoir; cependant il en parut plutôt contristé que satisfait.

— Toi ici ! dit-il à Durand , je croyais que nous ne devions jamais nous revoir.

— Je ne suis point allé te chercher , et si tu viens avec l'intention de nous causer quelque peine, je te dirai que je suis disposé à t'étrangler avant que tu n'en aies le temps.

— Eh ! qui diable songe à vous tourmenter ? ne pourriez-vous aussi vous dispenser d'être sans cesse sur mon passage ?

— Je le voudrais , car je n'aime pas à rencontrer des coquins ; mais, voyons, que viens-tu faire à Mayence ?

— Ne faut-il pas encore t'ouvrir mon portefeuille ? Nous ne sommes pas ici dans une chaumière isolée, je pourrais me faire entendre ; mais, tiens, nous ressemblons, je crois, à deux poltrons que l'on force à se battre et dont nul des deux n'ose attaquer l'autre ; tu n'es pas à ton aise , je m'en aperçois bien, et je ne le suis guère plus que toi depuis que tu possèdes les deux lettres qui me sont adressées de Berlin. Sois donc aussi sincère que moi ; avoue franchement tes projets : pour te donner l'exemple, quoique ma franchise m'ait déjà coûté bien des soucis depuis ta rencontre, je te dirai que je ne viens à Mayence que pour y faire arrêter un nommé Frédéric, prétendu valet d'un Directeur de vivres, et que je ne pensais nullement à te voir dans ce pays.

— Doucement, citoyen Gift, entendons-nous : ce Frédéric est aussi sous ma protection. (Lorber entrait en ce moment dans la salle.) Le voici, je te le consigne ; tu le respecteras ainsi que nous, ou bien tu auras pour agréable de nous accompagner en prison : car je montrerai au commandant les lettres de Prusse, et celui que tu dois arrêter les lui expliquera ; il est bon que tu saches qu'il est, ainsi que toi, allemand ; mais de plus honnête homme. Voici donc ce qui te reste à faire pour te débarrasser de nous tous : d'abord un bon déjeuner avec le Directeur des vivres, mon maître et un gros gourmand qui se trouve aussi dans cette auberge. Tu ne diras pas un mot de ta mission; tu sortiras de table avant la fin du repas; tu iras faire viser ton ordre à la place; tu demanderas un *laissez-passer* pour sortir de la ville avec trois hommes qui te sont nécessaires dans quelque expédition *secrète*; tu viendras nous rejoindre ici; tu nous accompagneras jusque hors des portes et des postes de la place, même jusqu'à ce que nous trouvions une barque qui nous facilite le passage du Rhin : après quoi, si tu aimes l'argent, comme je n'en doute pas, nous t'en donnerons un peu et je te rendrai les lettres de Prusse: cela est-il clair ?

— On ne peut davantage, vous émigrez de la France : or, vous avez autant d'envie de partir que j'en ai moi-même de vous voir bien loin; et nous sommes d'accord : ainsi tu peux d'avance me rendre mes papiers ; je te promets sur mon honneur.....

— Ne parlons pas des absens , citoyen

Gift, ton honneur n'est pas une monnaie courante auprès de moi; tu devrais t'en douter : tenant donnant, ou donnant tenant, comme tu voudras; voilà mes conditions.

— Allons, allons, nous n'en serons pas moins bons amis, et je consens à accepter le bon déjeuner, l'argent que tu me promets et les deux lettres que tu dois me rendre : tu vois que je suis tout confiance. »

En ce moment, le gros ordonnateur du banquet vint rendre compte à M. de Surville de la chère qu'il faisait disposer; il entra dans de longs détails sur les différentes préparations qui pouvaient s'adapter aux mets qu'on devait servir, afin de faire connaître son érudition gastronomique, et de faire ressortir le mérite du système qu'il avait adopté, qui était de ménager autant que possible les épices dans les différentes sauces, et de s'abstenir des jus trop succulens : ces deux choses ayant l'inconvénient de détruire la délicatesse du palais, et de donner la goutte. Il continuait encore sa narration lorsque M. Gorgerousse rentra ; il avait remplacé l'habit vert pistache par un autre bleu céleste, mais dans le même goût ; le gillet rose par un rouge cerise, et le pantalon jaune serin par une culotte orange descendant jusqu'à moitié des molets, et liée, à cette hauteur, d'un large ruban retombant en longs nœuds sur des bas de soie chinés.

— Comment trouvez-vous la tenue du Directeur, dit-il en entrant dans la salle, j'espère qu'elle fera honneur à l'administration. Voyez l'habit, ajouta-t-il en pirouettant sur les talons, il est, *tout de même*, d'une jolie couleur ; c'est un fameux tailleur qui me l'a fait, il ne manque jamais un habit, et il trouve toujours que vous êtes à la perfection dans son ouvrage, ah! ah! ah!.

L'initié aux mystères de Comus, remarquant un nouveau personnage dans le citoyen Gift, s'informa au Comte s'il devait assister au déjeuner ; sur la réponse affirmative qui lui fut faite, il ressortit promptement pour commander un nouveau plat, ne voulant jamais se départir d'un principe qu'il s'était formé après de sérieuses méditations, et qui était, qu'à table, lorsqu'on était trois, on devait être servi pour quatre, afin que, dans tous les cas, il y eût toujours plus que pour deux.

M. Gorgerousse envoya Frédéric s'informer à quelle heure on pouvait être admis chez le commandant d'armes et chez le maire de Mayence, auxquels il devait d'abord se présenter. Durand sortit avec Lorber; le Comte, Gift et le Directeur, continuèrent à s'entretenir en attendant qu'on les servît; ce dernier, remarquant, pour la première fois, le Commissaire, le fixa, avec son lorgnon, presque sous le nez, et demanda au Comte s'il connaissait ce nouveau venu.

— Oui, Citoyen, répondit le Comte, je me suis déjà trouvé logé avec ce

Commissaire que je te présenterai si cela te convient.

— Il a une drôle de mine, *tout de même*, une figure ingrate, ah! ah! ah! C'est égal, moi je ferais connaissance avec le diable. Présente-moi donc à ce petit homme-là. » Le Comte, avec un air de dignité comique, présenta l'un à l'autre le Directeur et le Commissaire du gouvernement : le premier, entendant prononcer le nom de Gift :

— Vous êtes donc parens? demanda-t-il au Comte.

— Non, répondit celui-ci, malgré la conformité de nos noms, nous ne sommes pas même cousins ; cependant nous sommes liés, en ce moment, à la vie, à la mort.

— C'est joli, l'amitié ! reprit Gorgerousse, mais c'est rare, *tout de même*. Par exemple moi, je n'ai jamais pu trouver un ami; c'est pour ça que je me suis décidé à faire fortune. Dans trois mois je puis avoir fait mon affaire, d'après ce que m'a dit mon oncle. *Tout de même*, j'aurai toujours bonne table, et bon vin chez moi, alors j'aurai des amis à foison. J'aime l'amitié, moi ; je trouve que c'est gentil, ça m'amuse.

Le Comte, inquiet sur l'issue des conventions de Durand avec Gift, ne prenait aucune part au récit du citoyen Gorgerousse ; le Commissaire seul encourageait la narration du Directeur par quelques sourires forcés, prenant de temps en temps des notes sur les naïvetés qui lui échappaient : celui-ci continua son verbiage, ses *tout de même*, et ses éternels *ah ! ah ! ah !* pendant à peu près une bonne heure, et ne s'interrompit que pour pester contre le Maire et le Commandant de place, qui, d'après ce que vint lui dire Frédéric, ne recevaient jamais personne avant midi. Il n'était encore que neuf heures au plus ; enfin l'officieux gourmand vint annoncer qu'on avait servi le déjeuner, qu'il fallait se hâter d'y faire honneur, sous peine de lui voir perdre, de minute en minute, un cinquième de sa saveur.

—Oui, oui, car vous savez, dit le Directeur, pour prouver son érudition :

Un ancien philosophe a dit élégamment,
Qu'un dîner réchauffé ne valut jamais rien.

Ah! ah! ah! il avait *tout de même* de l'esprit, *Jean-Jacques Rousseau*, pour faire des *verses* comme ça.

Chacun sourit à cette citation de M. Gorgerousse, et il crut un instant avoir enfin trouvé de véritables et bons amis; aussi conçut-il dès ce moment le louable projet de payer les frais du banquet; cependant il eut le bon esprit de ne point communiquer ses intentions aux convives, dans la crainte qu'ils devinssent moins sobres; bien qu'il n'eût pas le défaut d'être avare. Le repas fut on ne peut plus gai; le gastronome qui avait participé à ses apprêts, se fit bientôt connaître à toute la compagnie pour un Baron napolitain qui se trouvant en France depuis plusieurs années , l'avait parcourue dans tous les sens , d'abord pour s'instruire dans l'art si cher aux Lucullus, ensuite pour y chercher une sœur qui était venu l'habiter , sans avoir jamais donné de ses nouvelles à sa famille. Pendant ce voyage il s'était particulièrement arrêté dans les villes renommées par quelques productions remarquables ; à Chartres , à Strasbourg pour les pâtés ; à Verdun pour les dragées ; dans les pâturages de prés salés, pour les gigots ; à Pontoise pour le veau; à Arras , pour les andouillettes; à Sainte Ménéhoult pour les pieds de cochons; à Dôle pour le pain d'épice ; à Tours pour les pruneaux ; à Neuchâtel pour les fromages qui ne se font pas à Neuchâtel ; et à Mayence pour les jambons qui se préparent en Westphalie; mets qu'exploitent , en autant de monopoles , ces différentes villes de France : nous ferons observer seulement que, croyant trouver d'excellentes anguilles à Melun, il avait été indigné que cette ville n'en possédât pas une seule dans tous ses environs, et que le vieil axiome de *l'anguille qui crie avant qu'on l'écorche*, se rattachât à un farceur de tréteaux de la foire, qui se nommait *Languille*, et qui, menacé d'être écorché, par le compère jouant les grimes en espalier, criait effectivement d'abord comme s'il était victime de cette opération.

Le citoyen Gorgerousse contribua également à la gaîté générale, par son importance affectée et ses prétentions au bel esprit. M. Gift même se permit quelques bons mots, lorsqu'on fut arrivé au dessert, et qu'il eut vidé plusieurs rasades de champagne; mais quelques signes que lui fit Durand, calmèrent ses élans joyeux, et lui rappelèrent la mission qu'il avait à remplir: cependant il continuait à faire tête au Baron et au Directeur. Durand crut devoir recourir aux grands moyens; il tira donc de sa poche les deux missives allemandes, les montra au citoyen Gift, et la vue de ces épîtres produisit sur notre Commissaire l'effet du galvanisme sur l'animal qui vient de périr : il se leva précipitamment, s'excusa envers la compagnie, prétextant une affaire des plus pressantes, et sortit aussitôt. Nos joyeux convives, et M. de Surville, qui cherchait à paraître tel que ses compagnons, continuèrent encore quelques instans leurs saillies et leurs libations : ils sortirent enfin de table, très-satisfaits d'eux-mêmes et des talens du cuisinier. Le citoyen Gorgerousse s'exquiva un moment, et revint d'un air triomphant annoncer qu'il venait de donner des ordres au comptoir, et qu'il espérait, *tout de même*, qu'on ne chercherait pas à le contredire. Le Comte voulu s'opposer à cette générosité, observant qu'il était sur le point de continuer son voyage, qu'il n'aurait peut-être plus le plaisir de revoir le Directeur.

— Si fait, si fait, répondit celui-ci ; vous savez le proverbe : deux montagnes ne peuvent se rencontrer, mais deux hommes peuvent se retrouver. Mon père a dit cela plus de deux cents fois à une de mes tantes, avec laquelle il s'était brouillé. » Le Baron accepta la politesse du citoyen Gorgerousse, en lui faisant promettre d'assister le même jour à un dîner de sa façon : enfin chacun se sépara, et se retira dans sa chambre ; le Directeur pour changer sa cravate qui déjà était fanée, le Baron pour rêver à son dîner, et le Comte pour attendre l'issue des démarches de Gift que, par prudence, Durand avait suivi jus-que chez le commandant de place, en lui intimant l'obligation de le faire passer pour son domestique, afin de le rendre témoin de tout ce qu'il ferait en faveur de leur accord.

Ce ne fut cependant pas sans diffi-culté, que le Commissaire obtint du commandant la permission de sortir des murs de Mayence, avec trois hommes à son choix, sans donner préalablement leurs signalemens et leurs noms; plusieurs habitans de cette ville étaient alors sous la haute surveillance des autorités; le Baron lui-même était de ce nombre : ce ne fut donc qu'avec une certaine quantité d'ingénieux mensonges, que le citoyen Gift, maître en cet art, parvint à obtenir le *laissez-passer* qu'il sollicitait. A peine cette affaire fut-elle terminée, que voyant entrer le Directeur des vivres, Gift et Durand sortirent au même instant, et laissèrent Gorgerousse, à sa cinquième ou sixième salutation, aux prises avec le vieux Commandant d'armes.

M. de Surville, qui attendait avec la plus vive impatience, vit enfin rentrer son fidèle domestique, la figure rayonnante de plaisir; Frédéric fut appelé près du Comte, on s'acquitta des menues dépenses, et l'on sortit de l'hôtel.

Durand remit en ce moment à son maître une lettre de Robert lui annonçant son départ de Paris.

Gift paraissait avoir la même impatience de voir le Comte et son domestique hors de Mayence et de leur patrie, que ceux-ci en avaient effectivement de se trouver à l'abri des persécutions dont ils étaient menacés; ils se dirigèrent assez promptement vers la porte qui se trouve en face de la route de Nieder-Ingelheim; là Gift montra son *laissez-passer*. Le Comte, Lorber et Durand, furent examinés avec attention; on leur demanda leur nom : heureusement ils étaient prévenus qu'on pouvait leur adresser différentes questions de ce genre : ils se dirent donc tous trois employés à la suite de l'ambulance de l'armée française, et donnèrent des noms supposés. Aussitôt que l'on eut enregistré leurs réponses, il leur fut permis de suivre leur chef ou plutôt leur conducteur. Une fois libres de toute surveillance, ayant traversé les

premiers ouvrages et les derniers postes
de la place, ils se rapprochèrent de la
rive gauche du Rhin, et, le suivant dans
son cours, ils côtoyèrent ce fleuve jusqu'à la hauteur d'un village qui se
trouve de ce côté, en face d'un vaste et
beau château, placé sur l'autre rive, propriété et dans les États d'un prince de
Nassau. Arrivés à cette distance, nos
voyageurs entrèrent dans la maison d'un
pêcheur, et Lorber s'informa dans sa
langue maternelle, des moyens qu'il
y aurait à prendre pour parvenir à
l'autre côté du Rhin.

— Ah! dit le pêcheur, qui se trouvait alors entouré de sa femme et de
quatre enfans sales et mal vêtus, je vois
que vous êtes des prisonniers de guerre
échappés des dépôts de France, et si je
faisais mon devoir, j'irais vous déclarer
sur l'heure à la brigade française établie
dans le village; mais j'aime mieux qu'un
autre s'en mêle: il y a d'ailleurs dans cet
endroit, comme partout, assez de gens

payés pour dénoncer les autres ; seulement ne comptez pas sur moi : mon bateau qui doit me nourrir ne servira pas à me faire couper le cou.

— Vous paraissez être un brave homme, répartit Lorber, et nous ne sommes pas des malfaiteurs. Si vous craignez d'être remarqué pendant le jour, ne pourriez-vous, cette nuit, et pour une bonne récompense, nous traverser le fleuve ?

— Impossible, *mein herr* : chaque soir le chef de la brigade vient faire poser de gros cadenas aux chaînes de nos bateaux, et il en conserve les clefs jusques au lendemain. Outre cela, des sentinelles volantes parcourent ce bord depuis le coucher du soleil jusqu'à ce qu'il reparaisse ; pendant le jour il nous est défendu de dépasser les jalons que vous voyez plantés ou flottans au tiers de la traversée, et cela sous peine d'être conduits à Mayence comme d'autres déjà, qui n'en sont plus revenus. »

Nos fugitifs semblaient perdre tout espoir, lorque Durand, auquel le Comte avait expliqué les difficultés qui se présentaient, tirant à part leur interprête, parut lui communiquer un projet qu'il venait de concevoir. Lorber revint alors au pêcheur, le prit également en particulier, et l'entretint pendant un bon quart d'heure, en lui présentant une bourse que ce dernier finit enfin par accepter, et qu'il cacha, en se détournant des regards de sa femme et de ses enfans, dans un des trous résultant de la décrépitude de sa chaumière. L'instant d'après il remit deux avirons ou rames à Lorber qui, faisant signe à ses compagnons de le suivre, sortit avec eux de la maison du pêcheur, en referma l'entrée à double tour, jeta la clef dans le Rhin, et se précipita dans le bateau. Ils y furent bientôt tous réunis à l'exception de Gift, qui, avant tout, voulait qu'on lui expliquât comment on le ramenerait sur cette rive s'il la quittait ainsi qu'eux.

— Vous êtes bien le maître de vous faire occire, lui dit Durand, ce qui ne peut manquer de vous arriver si vous tardez encore une seconde; car je vois au loin des gendarmes accourir, et le pêcheur doit nous accuser tous de violence envers lui. Sautez vite dans le bateau, ou adieu. » Déjà Durand appuyait sa rame sur le rivage; Gift s'abstint de nouvelles réflexions, entra promptement dans la barque qui, au même instant, fut poussée au large par Lorber et le vigoureux Franc-Comtois. Cinq minutes après, des cris aigus partirent de la chaumière, et de nombreux habitans parurent sur le seuil de leurs demeures. Des militaires s'unirent au même instant à ces curieux; on se rendit en foule chez le pêcheur que nos amis venaient de quitter. Les militaires, après avoir entendu ses feintes déclarations, firent feu sur le bateau qui transportait l'émigration, et ne purent l'atteindre; Durand assura même à ses compagnons que ces braves tiraient en l'air, et qu'ils n'avaient nulle autre intention que de les inviter à faire force de rames. Cependant les gendarmes d'abord aperçus étaient arrivés sur ce point; plusieurs bateaux détachés du rivage, furent par eux mis à flot, et à la poursuite de celui que Durand commandait en chef; mais celui-ci avait eu le temps de gagner une certaine distance avant que ses ennemis se missent en mesure, et des patrouilles étrangères, rassemblées sur l'autre rive, le mirent bientôt à l'abri des agressions de ses compatriotes.

Les fugitifs touchèrent enfin à une terre hospitalière; un officier hessois, qui se trouvait placé à la tête d'une reconnaissance, vint les recevoir, et les conduisit, après quelques explications, au château dont nous avons déjà parlé. Le lecteur, naturellement curieux, désire sans doute savoir auquel des princes de *Nassau* appartient ce magnifique domaine; il sait peut-être déjà que le petit pays qui porte ce nom, et qui s'é- tend le long de la Lahn, est divisé en nombreux comtés soumis aux princes de Nassau Darmstadt, Nassau Usingen, Nassau Siegen, Nassau Bivrick, Nassau Weilbourg, Nassau Deux-Ponts, Nassau Dietz, etc., qui règnent tous ensemble, et chacun dans son cercle en particulier, sur une population totale de plus de trente mille sujets; qu'il y a tel de ces souverains qui, pour une campagne célèbre, a levé jusqu'à dix hommes de troupes, tant infanterie qu'artillerie et cavalerie. Mais ce n'est pas de cela dont il est question : nous croyons donc pouvoir assurer que le château où nous allons introduire les émigrans français appartenait alors au prince de Nassau Bivrick.

Avant de les admettre devant le général étranger qui tenait son quartier dans ledit château, l'officier qui conduisait nos fugitifs, exigea d'eux qu'ils remissent entre ses mains les papiers dont ils pouvaient être porteurs. Le Comte , Lorber et Durand ne balancèrent point à satisfaire à cette invitation , Gift seul fit quelques difficultés, mais elles furent inutiles, et l'Officier, lui arrachant son portefeuille, lança sur lui un regard scrutateur qui fut loin de rassurer notre Commissaire. Comme cet officier sortait , Durand s'approcha de Gift , et lui remit quelques louis , en le prévenant que ses lettres se trouvaient dans le nombre des papiers qu'il venait, malgré lui, de remettre à leur introducteur.

Après une bonne heure d'attente , M. de Surville , Lorber, Gift et Durand furent enfin conduits devant l'officier-général qui commandait dans cette contrée.

— Quel est celui de vous , Messieurs, qui se nomme André Gift?

— *Ich, Général,* répondit le commissaire secret.

— C'est fort bien, j'ai donné des ordres pour que vous soyez de suite conduit sous bonne escorte, au quartier-général du Prince ; suivez ce sergent.

— Mais, général.....

— Suivez ce sergent, et pas d'observation..... Gift obéit. Le Général se tournant alors vers le Comte : c'est sans doute à M. de Surville que j'ai l'honneur de parler ?

— Oui, Monsieur ; forcé de fuir ma patrie, je viens réclamer un asile à ses ennemis.

— Dites plutôt, monsieur le Comte, aux ennemis de ses bourreaux : ce n'est point à la France que nous faisons la guerre, mais bien au système de dévastation que des monstres ont enfanté dans son sein, et qui peut s'étendre jusqu'à nous. Je regrette, Monsieur, que le trop grand nombre de vos compatriotes qui émigrent vers ce pays, me prive de vous retenir ici en vous y offrant des moyens d'existence tels que vous pourriez les désirer. Cependant, veuillez me dire sur quel autre point vous prétendez vous diriger, et je vous donnerai sûreté et protection jusqu'au but de votre voyage.

Lorber qui devait retourner dans son pays natal, prit alors la parole, et engagea M. de Surville à fixer la Capitale de l'Autriche, comme la résidence qu'il voulait choisir. Le Comte, qui n'avait point encore médité son choix, consentit à cet arrangement : des moyens de transport leur ayant été fournis, et des feuilles de routes leur ayant été délivrées, ils prirent congé du Général, et, réunis dans un char d'osier, sur plusieurs bottes de paille, ils se mirent en route pour Francfort-sur-le-Mein, où ils désiraient s'arrêter quelques jours.

A peine étaient-ils sortis des grilles du château, que Lorber s'empressa de témoigner sa reconnaissance à Durand des bons offices qu'il lui avait rendus, et lui offrit une récompense que celui-ci refusa d'accepter.

— Gardez votre bourse, M. Frédéric,

vous pourrez plus tard nous être utile à mon maître et moi, puisque vous êtes du pays que nous allons habiter.

— Je tiendrais à honneur, répliqua Lorber, de pouvoir être agréable à Monsieur, et si mon âge ne lui fournit point un motif de défiance, s'il me croit digne de recevoir la confidence des besoins qui pourraient l'atteindre, il peut compter sur tout mon dévouement.

— Je vous remercie, Monsieur, interrompit le Comte, je suis persuadé que personne plus que vous n'est digne d'obliger son semblable, et, d'après vos discours, votre âge ne me porterait point à rougir de vos bienfaits ; mais je suis loin encore d'éprouver ces besoins que vous daignez prévoir, je n'en suis pas moins pénétré de la plus vive reconnaissance, et persuadé de votre générosité comme de votre délicatesse.

— C'est égal, dit alors Durand, nous voilà toujours échappés aux bonnes intentions de nos concitoyens. Il y avait long-temps que je désirais voyager dans l'étranger, et j'aurais eu de la peine à trouver une meilleure occasion. »

CHAPITRE IX.

Nous avons laissé réunis à table les nouveaux campagnards de Franche-Comté. Cette première réunion avait paru nécessaire à notre chef de famille, pour assigner à chacun les devoirs qu'il aurait à remplir. On augmentait la maison d'une cuisinière, chose essentielle ; Julienne veillerait à l'économie du ménage, Claudin, aidé d'un garçon, continuerait la culture du jardin, Germain soignerait les appartemens et tiendrait lieu de valet de chambre à Robert: Thérèse s'offrit elle-même pour tenir registre des dépenses, surveiller l'ordre intérieur, et pour s'occuper des menus détails. Tous ayant promis de faire de leur mieux, ils se retirèrent dans leurs chambres, où ils passèrent la nuit à dormir paisiblement.

Le lendemain chacun fut installé dans ses fonctions, et se mit en devoir de les remplir fidèlement. A neuf heures du matin, Germain se présenta chez son nouveau maître, muni d'un fer à cheveux, d'un peigne, d'un sac à poudre, et de sa houppe, et lui demanda quel genre de coiffure il voulait adopter.

—Je vous remercie, Germain, vos services ne s'étendront pas aussi loin ; je conserve ma coiffure ordinaire, elle peut se passer des secours de votre art.

— Je prendrai pourtant la liberté de faire observer à Monsieur, que mon ancien maître, M. le comte de Surville, se faisait toujours *accommoder* à neuf heures du matin, et qu'il n'a jamais porté, ainsi que Monsieur, ses cheveux à la *caracalla*, ne voulant pas absolument ressembler à l'empereur grec qui portait ce nom, attendu que c'était un révolutionnaire.

— M. de Surville n'a jamais fait que ce qu'il jugeait être bien et convenable à son rang ; je veux tâcher de l'imiter, Germain : voilà pourquoi je ne changerai rien à mes premières habitudes.

— Monsieur est bien le maître ; il voudra bien m'excuser pourtant si je lui fait observer qu'un toupet bien crêpé, des faces *idem*, détachées des oreilles en légers canons, une bourse noire d'un beau satin, tombant sur le collet d'habit, le tout poudré à neige, ont quelque chose de plus distingué qu'une chevelure qui est celle de tous les habitans des campagnes, ici, comme aux environs de la Capitale.

— Cela est possible, Germain, mais je n'en suis pas moins décidé à n'adopter aucun changement.

— Puisque Monsieur l'a résolu, je n'ai rien à dire ; cependant, on m'a rapporté que Monsieur devait probablement recevoir aujourd'hui la visite du jeune M. de Ligneville, son voisin, et, selon toute apparence, celle aussi de la jeune madame de Ligneville, sa voisine. On dit que cette dame est extrêmement jolie, et qu'elle ne manque pas de goût. Monsieur ne craint-il pas qu'elle ne trouve sa coiffure beaucoup trop simple, et qu'elle ne le juge d'après cela d'une manière moins avantageuse qu'il ne mérite de l'être ?

— Encore une fois, Germain, je vous remercie ; cessons cette discussion, et dites-moi comment se trouve la petite ce matin.

— Je viens de la rencontrer dans la salle à manger, elle s'occupe déjà à compter le linge, elle m'a dit.....

— Je vous parle de mademoiselle de Surville, reprit Robert avec sévérité.

— Ah ! pardon, Monsieur, je pensais à mademoiselle Thérèse.

— Vous ne supposez pas, je m'imagine, que je veuille nommer autrement que

Mademoiselle, une jeune personne de seize ans, qui se recommande à moi par la protection de votre ancien maître, et qui, m'ayant confié sa fortune, me prie de veiller à ses intérêts.

— Mille excuses, Monsieur, je ne savais pas encore tout cela..... Quant à la petite fille, ma femme attend dans votre antichambre que vous lui permettiez de vous la présenter.

— Comment ne me l'avez-vous pas encore dit ? » et, courant lui-même ouvrir la porte, Robert introduisit madame Germain portant sa fille adoptive, dont il s'empara lui-même aussitôt.

— Il ne veut pas qu'on le coiffe, dit Germain à sa moitié, en s'approchant de son oreille.

— Il n'est pas comme vous, M. Germain; vous ne songeriez jamais à vous y opposer. N'avez-vous pas de honte de me laisser une heure dans cette antichambre, sans en prévenir M. Robert que vous ennuyez de vos balivernes? Je

vous demande s'il va se mêler des affaires de M. *Caracalla*, de la perruque
de M. le comte de Surville, et du bon
goût de madame de Ligneville, que
personne ne connaît encore ici. Vous
feriez mieux de songer à frotter les fauteuils, qui vous attendent à bras ouverts
dans le salon, et de vous occuper un
peu plus de votre femme, surtout quand
elle attend dans une antichambre que
vous veuillez bien l'annoncer.

— Ma chère amie.....

— Mais, mon cher Monsieur, allez à
votre besogne et laissez-moi en paix.
Germain, sans faire d'autre observation à sa revêche compagne, sortit de
l'appartement, assez satisfait d'échapper
à de nouvelles apostrophes. Robert,
après avoir vivement recommandé à madame Germain les soins les plus assidus
pour son élève, l'invita également à
redoubler d'égards et de prévenances
pour mademoiselle Thérèse ; il désirait
même la présenter aux étrangers qu'il

pourrait recevoir, comme une de ses parentes, confiée à ses soins par sa famille absente : l'héritière de Surville devait aussi passer pour sa fille, et les vêtemens noirs qu'il portait sans cesse, devaient faire supposer la perte récente d'une épouse. Madame Germain, enchantée qu'on la choisît pour faire la leçon à tous les habitans du petit domaine, s'empressa de quitter Robert, et, fière de sa confiance, descendit à l'office pour s'acquitter à l'instant de sa mission.

Il était trois heures après midi, lorsqu'on entendit sonner à la grille ; Robert, Thérèse et madame Germain, se trouvaient réunis dans le salon. S'étant approchés des croisées, ils virent soudain se présenter, montés sur de jolis chevaux, M. et M.ᵐᵉ de Ligneville, suivis d'un domestique, et que Julienne introduisit aussitôt dans la cour ; Germain qui s'était rendu sous le vestibule, vint bientôt les annoncer. La jeune dame de Ligneville avait son costume de la veille, et de plus un pantalon à la mameluk d'une perkale légère, lié à des brodequins jaunes lassant sur le coude-pied. Son époux, guindé dans ses vêtemens à la mode du jour, et le menton enfoncé dans sa grosse cravate, ne laissait apercevoir qu'une faible partie de sa physionomie, du reste assez insignifiante, si on en excepte de très gros yeux bleus et un nez aplati. Donnant le bras à son épouse, et d'un air de nonchalance, il vint se présenter à Robert qui à peine put comprendre ses premiers complimens : M. de Ligneville se conformait religieusement à la mode alors établie parmi les jeunes gens du bon ton, qui était de supprimer l'*r* dans tous les mots où elle devait se rencontrer ; et cela à la suite d'une violente dispute académique, qui avait eu pour principe de fixer le régime de cette lettre, régime sur lequel les savans n'avaient pu tomber d'accord.

— Vous pa'donne'ez not'e ha'diesse, Monsieu', ayant app'is que nous avions l'honneu' de possede' un nouveau voisin, nous nous emp'essons de veni' lui p'esenté' nos civilités. Voilà mon épouse.

— Je suis très-flatté, Monsieur, de l'honneur que je reçois de vous et de madame de Ligneville; permettez, à mon tour, que je vous présente ma jeune parente, mademoiselle Delval : veuillez, je vous prie, prendre place. » Germain s'empressa d'approcher des fauteuils; madame de Ligneville, s'apercevant que la nourrice se disposait à s'éloigner.

—Pardon, Monsieur, permettez-moi de voir ce charmant poupon, j'adore les enfans; est-ce une petite fille? oui.... oh! comme elle est gentille, et comme elle vous ressemble, Monsieur ! en vérité c'est unique.

— Oui, c'est inc'oyable (1), inter-

____

(1) Cette expression, *incroyable*, était telle-ment en usage parmi les jeunes gens à la mode,

rompit M. de Ligneville, en s'étendant à moitié sur le canapé, sans faire attention à ce qui occupait sa jeune épouse ; les chemins sont ho"ibles dans ces montagnes, aussi je ne so's jamais, et je suis aff'eusement fatigué.

— Permettez, monsieur Lambert, ajouta madame de Ligneville, que je con serve un instant cette charmante petite créature. Comment la nommez-vous ?

— Je suis honteux, Madame, d'avouer que, depuis sa naissance, il ne m'a pas été permis de la faire baptiser ; mais c'est un devoir que je compte bientôt remplir.

— Ah ! Monsieur, si vous aviez dit cela devant les bonnes religieuses du couvent où j'étais pensionnaire, et que l'on a toutes chassées de leur sainte maison, bien certainement elles vous auraient soupçonné d'avoir au moins un

____

que ce mot avait remplacé celui de *fat* pour les désigner.

pied fourchu ! du reste, je suis enchantée qu'elle ne soit point encore
nommée..... Oh ! si vous n'aviez point
encore fait un choix :..... dites-moi ,
Monsieur , franchement , car je ne voudrais pas contrarier vos projets, avez-
vous fait choix d'une marraine ?

—Non, madame.

— Si je ne craignais de vous paraître
inconsidérée, étourdie , indiscrète enfin , je vous prierais de m'accorder cette
faveur.

—C'est m'offrir, Madame, plus que
je n'aurais osé prétendre de votre complaisance ; n'abuserai-je pas moi-même
de votre bonté en acceptant l'honneur
que vous daignez me faire ?

—Du tout, j'en suis ravie. Entends-
tu, mon ami, s'écria-t-elle, en se tournant vers son mari , qui commençait à
s'assoupir, c'est moi qui serai marraine
de cette jolie petite fille ! elle sera la sep-
tième, justement on dit que ce nombre
est heureux ; concevez-vous, Monsieur,

que cela puisse mieux tomber? Il faut faire prévenir aujourd'hui l'ancien curé du village voisin, qui a quitté son presbytère pour habiter une de mes fermes où il reste, à l'abri de tout danger, sous la protection de nos montagnons; j'y enverrai sitôt mon retour au château. C'est un homme délicieux que ce curé, vous en serez content; il est pauvre, et cependant il trouve encore l'occasion de faire du bien; ce bon monsieur Morel! tu sais, mon ami, c'est lui qui nous a mariés.

—Oui, oui, et qui a enté'é ma mè'e.

—Voyons, quel nom lui donnerons-nous?.... Ah! mais je n'y songeais pas: qui donc sera le parrain? n'est-ce pas à moi de le choisir? oui, sans doute, eh bien! je serai obligé de prendre mon mari, toutes nos connaissances sont parties pour retourner à la ville, ou pour aller se cacher dans d'autres montagnes. Il y aurait bien ce monsieur qui est venu hier nous rendre sa première visite, le nouveau propriétaire du château de Surville;

mais son nom est trop ingrat : figurez-vous qu'il se nomme Lazare : voyez-vous cette chère enfant , commençant à balbutier , obligée d'ouvrir une bouche énorme pour appeler son parrain Lazare !

— En effet, dit Robert , en cherchant à cacher l'émotion que lui causait ce nom deux fois répété. Y a-t-il long-temps que ce monsieur habite ce pays ?

— Non , je ne le pense pas ; je crois qu'il n'est ici que depuis quatre jours. Ainsi, il est décidé que je prendrai mon mari pour compère : cela sera bien sentimental , n'est-ce pas , mon ami ?

—Cha'mant , en vé'ité.

—Nous ne sommes pas encore decidés sur les noms, reprit madame de Ligneville, cherchons parmi les nôtres ; d'abord, moi, je me nomme Lucie, Adrienne-Sylvérine; mon mari, Louis-Adolphe; et vous, M. Lambert?...

—Gustave, Madame.

—Gustave! oh! ce nom est charmant.

Comment souffrez-vous qu'on vous appelle autrement que Gustave ! Et vous, mademoiselle ? il ne faut pas rougir comme cela ; vous voyez que nous nous déclinons tous : vous vous nommez?...

— Thérèse-Augustine.

— Augustine! voilà encore un très-joli nom ; Augustine et Gustave, dussiez-vous être en colère contre moi, je ne vous nommerai plus que de cette manière. Voici donc ce que je propose, écoutez : c'est de nommer notre chère petite, *Lucie-Louise-Augustine.*» Toute la société ayant applaudi à cet heureux choix, madame de Ligneville remit l'enfant à madame Germain, et considérant cette dernière...

— Oh ! la charmante nourrice! il est impossible que notre petite fille n'obtienne pas le plus beau sang du monde en se nourrisant de son lait.

Madame Germain fit la révérence, et se retira, pénétrée que ses attraits n'échappaient qu'aux regards indifférens de son époux. « Si M. Georges seul m'avait tenu de semblables discours, se disait-elle intérieurement, en rêvant dans la salle à manger, j'aurais cru qu'il cherchait, comme tous les hommes pourraient le faire, à flatter mon amour-propre ; mais c'est une jeune dame, charmante elle-même, qui assure que je suis à mon tour une charmante nourrice : elle ne peut avoir d'autre intérêt à cela que de me rendre justice, en me disant une vérité agréable...... Cependant, M. Germain avait raison, cette petite dame a du goût..... Ah ! si M. Georges l'avait entendue il en aurait également convenu..... Qu'y a-t-il donc dans la robe de cet enfant....? une pièce d'or ! En vérité, madame de Ligneville est d'une délicatesse ... Je ne la lui rendrai certainement pas, il y aurait de l'ingratitude à refuser un présent offert avec ce procédé. »

On venait de convenir, dans le salon, que le jeune enfant serait baptisé secrètement le surlendemain , et Robert avait obtenu , mais non sans peine , qu'il irai tlui-même rendre visite au Maire , pour en demander inscription sur les registres de l'état civil.

Madame de Ligneville avait rapproché son fauteuil près de celui de Thérèse : la franchise étourdie de la première commençait à paraître moins étrange à notre jeune orpheline; une sorte de confiance s'établissait déjà entre elles ; bientôt elles convinrent de se voir le plus souvent possible , de faire ensemble de longues promenades dans les environs ; madame de Ligneville faisant tous les premiers frais de cètte liaison , voulait que chacune d'elles considérât la demeure de l'autre comme la sienne. Outre le but qu'elle se proposait, en faisant des excursions dans les montagnes, de porter quelques secours aux habitans les plus malheureux, elle désirait encore dessiner différens sites : Thérèse dessinait aussi. Elle voulait de plus augmenter un her-

bier qu'elle avait entrepris ; Augustine,
car elle ne donnait plus d'autre nom à
Thérèse , l'aiderait dans ses recherches,
en s'instruisant à son tour dans les secrets
de la botanique ; bien qu'elle ne fût pas
elle-même très - savante , elle espérait
pourtant ajouter aux connaissances de
sa jeune amie. Il fut alors question de
musique : madame de Ligneville tou-
chait du piano et hasardait la romance ;
Thérèse avait appris à pincer un peu
la guitare , et chantait aussi quand
elle était seule : enfin nos deux nouvelles
amies se promirent de s'encourager mu-
tuellement , et de tirer de leurs modestes
talens les distractions les plus variées et
les plus agréables.

Pendant que les jeunes dames goû-
taient d'avance les plaisirs qui devaient
résulter de leurs aimables projets , Robert avait rejoint M. de Ligneville sur
le canapé, où ce dernier lui laissait à
peine une petite place , et cherchait à
éloigner par ses discours le sommeil

auquel son indolent voisin paraissait à chaque instant vouloir succomber. Cependant les bâillemens éternels commençaient à se communiquer, lorsque la jeune épouse, après avoir refusé des rafraîchissemens qui lui étaient offerts, invita son seigneur et maître à retourner avec elle au château. Ils prirent donc congé de leurs hôtes; l'époux en étendant les bras, comme pour se préparer à de nouveaux bâillemens, et sa compagne en embrassant avec affection celle qu'elle appelait déjà sa charmante Augustine.

Robert et Thérèse s'entretinrent encore assez long-temps après ce départ, de la singularité de leurs nouvelles connaissances : cependant ils supposèrent qu'à travers son étourderie, madame de Ligneville pouvait avoir de très-bonnes qualités, et qu'elle serait du moins pour Thérèse une compagne agréable dans cette solitude : quant au jeune mari, on était décidé à le laisser dormir tout à son aise, lorsqu'on serait contraint de se rencontrer avec lui.

Un point important restait encore à résoudre : en faisant baptiser l'héritière de Surville, on devait produire les noms du Comte et de la Comtesse ; cette déclaration, dans ces temps critiques, pouvait exposer Robert à se faire considérer comme l'agent d'un proscrit, et à devenir l'objet d'une surveillance pénible, le jeune enfant lui-même deviendrait peut-être la victime de l'honneur attaché à son nom. Cependant son père adoptif répugnait à le présenter comme le fruit d'une union illégitime. Ayant dû céder aux instances de madame de Ligneville, il faudrait encore lui découvrir un mystère qu'il aurait voulu cacher au monde entier : enfin il résolut, avant tout, de voir le Maire et le Curé.

Le lendemain, à peine faisait-il grand jour, Robert sortit, muni des papiers qui lui avaient été remis par Georges et se rendit au chef-lieu de sa commune, pour y rendre visite aux autorités ; après une bonne demie-heure de marche, il arriva à l'habitation du Maire. Un garçon de ferme l'introduisit bientôt auprès d'un vieillard vénérable, encore frais et dispos, et qu'on lui dit être le premier magistrat du lieu : Robert lui présenta ses papiers, en l'instruisant qu'il était nouvellement arrivé dans sa commune, et qu'il se proposait d'y demeurer dans la maison occupée par Claudin et Julienne.

— Tu es chez de braves gens, lui répondit le vieux fermier magistrat, et, d'après ce choix, je ne doute pas que tu ne sois toi-même un honnête homme.

— Je te remercie de cette opinion, citoyen Maire, je tâcherai de ne pas la démentir.

— Je vois par les papiers que tu as déjà rendu des services à l'Etat : c'est une bonne recommandation pour toi....» Robert garda le silence. « D'où arrives

tu ?..... ah! je vois de Strasbourg.....
Es-tu seul ?

— Non Citoyen, j'ai avec moi un ancien serviteur de ma famille , une jeune parente, un enfant et sa nourrice.

— Ah! tu es déjà père de famille ? tant mieux , nos jeunes filles en seront plus en sûreté ; car, ma foi, tu es un joli garçon !..... Mais tu ne me parles pas de ton épouse?..... elle n'est plus : je suis un indiscret,.... je vois à ton habit noir;.... ne t'afflige pas, jeune homme , je ne voulais point te faire du chagrin!..... je sais ce qu'il en coûte lorsqu'on perd sa compagne ;.... tu es encore plus heureux que moi, tu as un enfant pour te consoler. J'ai aussi un fils ; mais Dieu seul sait si je le reverrai! C'est cependant par mon ordre qu'il est parti ; ne pouvant suivre moi-même à la guerre e fils d'un ancien bienfaiteur de ma famille, je lui ai donné mon enfant ; peut-être celui-ci a-t-il partagé le sort

de son maître , peut-être a-t-il suc-
combé:..... pauvre Durand !

— Durand ! reprit Robert avec vivacité , était-il au service de M. le comte
de Surville ?

— Chut ! interrompit le fermier,
parlez bas ;..... je ne voudrais pas pour
tout au monde qu'on le sût; mon fils
passe ici pour être à l'armée; mais serait-il possible que vous puissiez m'en
donner des nouvelles ? parlez, je vous
en conjure.....» Le maire fut bientôt instruit que, malgré sa condamnation ,
M. le Comte était parvenu à quitter la
Capitale avec Durand ; Robert l'assura
également qu'il ne tarderait pas d'en
recevoir quelques nouvelles, ayant écrit
à M. de Surville sous un nom emprunté,
à Mayence, ainsi qu'ils en étaient con-
venus au moment de leur séparation.

La conversation devint bientot entièrement confidentielle entre le Maire et
son nouvel administré; ce dernier ex-

prima son vœu de faire inscrire sur les registres de l'état civil les véritables noms des père et mère de la jeune héritière de Surville ; mais, si cela était possible, sans que les témoins, parrain et marraine, en eussent connaissance.

Vous serez satisfait, interrompit le bon fermier ; d'après nos lois actuelles il ne faut que deux témoins : Claudin et votre domestique suffiront ; ainsi la présence de madame de Ligneville et de son mari devient entièrement inutile. Quant au Curé, il ne doit tenir aucune espèce de registre, et rien ne sera plus facile que d'éviter ses questions : c'est un brave homme ; d'ailleurs, nous irons ensemble le prévenir de tout ceci. Il a aussi connu le Comte ; il le regrette avec raison ; il sera enchanté de faire quelque chose pour lui et ses amis. Venez, Monsieur, il a dit sa seconde messe dans la ferme où il rassemble ses fidèles ; plus tard, nous ne le trouverions peut-être pas ; il est plus souvent chez ses ouailles que chez lui, et tout n'en va que mieux, car il n'y porte que des secours ou de bons conseils.

Nos nouveaux amis se rendirent aussitôt chez le pasteur; n'ayant trouvé personne pour les annoncer, ils arrivèrent jusqu'à la chambre qu'il occupait. La porte en était ouverte; une petite table en sapin, de forme carrée, montée sur deux tréteaux croisés, quatre chaises entièrement de bois de noyer, un prie-dieu de chêne, surmonté d'un grand Christ sculpté du même bois, un petit lit entouré de rideaux de serge verte rongée des vers, quelques chevilles à champignons plantés dans le ciment du mur, et soutenant ses vêtemens sacrés : tel était l'intérieur habituel du bon curé. Il était, en ce moment, livré à la prière; Robert ne voulut pas l'interrompre, et prit le temps de le considérer. M. Morel, encore dans la force de l'âge, d'une pâleur extrême avait des traits grands et prononcés; sa taille haute se distinguait de celle du commun des hommes , et ses regards étaient animés de la plus douce bienveillance. Un léger bruit que fit le Maire, en voulant refermer la cellule , interrompit le pasteur qui , apercevant ses hôtes, se signa , et vint les recevoir,

— Bonjour, père Durand , vous voilà frais comme une rose, vous paraissez aujourd'hui rajeuni de dix ans.

Cela est possible, monsieur le Curé , c'est que je suis content , et que la joie est ce qu'il y a de meilleur à mon âge. Je vous amène ici M. Lambert , un ancien militaire , qui a beaucoup connu notre digne Seigneur , et qui m'a donné de ses nouvelles. »

Notre Maire rendit compte au bon pasteur de la confidence qu'il venait de recevoir, et , après quelques réflexions de part et d'autre sur les malheurs du temps , on fixa l'heure à laquelle le baptême aurait lieu le lendemain.

— Voilà une chose convenue , dit le

Curé ; maintenant je vous offrirai à déjeuner, si vous voulez vous contenter
d'une maigre chère ; j'ai cependant du
beurre, des œufs, des pommes de terre,
et du vin de la côte de ragot (1).

Le Maire accepta, et Robert, prétextant de nombreuses occupations, prit
congé de ses deux nouvelles connaissances et se remit en route. Il pensa
qu'il était encore trop matin pour se
rendre au château de la famille de Ligneville. Arrivé au haut de la côte qu'il
fallait graver pour se rendre du village
à sa demeure, il voulut parcourir à
quelque distance le cercle qui entourait
sa propriété. La variété des sites, le désir de connaître leurs issues et leurs
différens aspects, le conduisirent jusqu'à
l'entrée d'un petit bois à plus d'une lieue
de son habitation. Ayant remarqué que

----

(1) Montagne près de Besançon, qui produit
de très-bons vins.

ce massif ne pouvait avoir que peu d'étendue, il s'y enfonça, et le traversait à pas lents, lorsqu'un coup de fusil, parti à peu de distance d'un amas de ronces et de buis dans lequel il se trouvait embarrassé, attira son attention et l'arrêta dans sa marche. Un instant après le bruit des pas sur les feuilles sèches, lui annonça la présence de plusieurs personnes qui s'avançaient de son côté, et bientôt deux hommes furent assez près de lui pour qu'il pût entendre le dialogue suivant :

—J'étais sûr que tu le manquerais!.... vas, si tu n'avais que ton talent comme chasseur pour te faire vivre, on devrait te pendre le plus tôt possible, afin d'empêcher que tu ne meures de misère.

— Que voulez-vous, signor, chacun a son petit mérite.

— C'est égal, tu n'en déjeuneras pas moins aujourd'hui ; assieds-toi là, cet endroit est favorable ; tire de ta carnacière le poulet, le pâté, et la gourde de bourgogne, tout cela te conviendra mieux que de poursuivre les lièvres, puisque tu ne fais que les épouvanter.

— Ne mangerez-vous pas aussi, Signor? voilà une aile qui a bonne mine?

— Non, je n'ai point d'appétit, je préférerais dormir, mais je ne le puis pas davantage.

— C'est fâcheux cela, quant à moi, je mange, je bois, et je dors parfaitement, surtout depuis huit jours que je me retrouve sous votre protection.

— Oh! je le sais; il est impossible de rencontrer un scélérat ayant une conscience plus tranquille que la tienne.

— A votre santé, Signor.

— Ne m'as-tu pas dit que ton camarade Custro te donnerait des nouvelles de la jeune Thérèse Delval?

— Allons, nous y voilà encore; depuis huit jours, il ne s'en est pas passé un seul sans que je sois obligé de recommencer cette ennuyeuse histoire! je vous répéte donc encore, qu'après que les quinze ou vingt hussards qui nous assaillirent à Dijon, nous eurent forcés de leur céder Thérèse et son portefeuille, cette jeune fille suivit ces militaires qui partaient pour Strasbourg; vous devez en être sûr; la vieille Perrette vous a dit aussi que cette petite était venue pour voir son oncle, avec une cantinière, et que, d'après la réception qui lui avait été faite, elle ne s'était plus représentée; donc, elle est avec les hussards. Custro, auquel le fameux défroqué, Schneider (1) de Strasbourg venait de faire, par écrit, des offres très-avantageuses, craignant vos reproches, est parti pour cette dernière ville, et il m'a promis de nous envoyer le portefeuille aussitôt qu'il trouverait le moyen de s'en emparer, dût-il épouser cette Thérèse.

— Le brigand! il lui convient bien....

____

(1) Prêtre qui acquit en, Alsace, une affreuse célébrité, par sa conduite pendant la révolution.

du reste s'il tient sa promesse !..... Tu es donc bien sûr qu'elle est partie ?

— Très-sûr ; quelle raison auriez-vous d'en douter?

— Je ne sais ; tout m'inquiète et m'effraie..... Hier, chez ces imbéciles de Ligneville, on me parla d'un jeune homme, d'une jeune demoiselle, nouvellement établis dans ce canton, et chez des gens qui m'ont toujours gêné.

— Sans doute ces gens-là vous connaissent ?

— Oh! il n'y a pas d'apparence qu'après quatorze ans ils se rappellent mes traits; d'ailleurs j'avais alors les cheveux et les sourcils blonds : ils sont bruns maintenant, grâce à la poudre que j'emploie à cette métamorphose; mon nom est également changé, mes traits ont vieillis ;.... demain au plus tard je ferai une visite dans cette famille.

— Mais vous m'avez dit vous-même que vous n'aviez pas vu la petite Delval depuis sa naissance.

— Cela est vrai, je n'étais même pas à son baptême ; et je ne sais que par les rapports qui m'ont été faits, qu'elle se nomme Thérèse ; les registres de la paroisse ayant été brûlés, il n'y a pas moyens de s'assurer du reste. Le maire ne voudrait m'instruire que dans le cas où je lui ferais connaître mes droits : c'est ce que je ne peux ni ne veux faire.

— Vous avez donc des droits ?

— Tu sais que je n'aime pas les questions,

— Je vous accompagnerai demain ; mais non, diable ! si la jeune fille allait se trouver là par hasard, et qu'elle me reconnût, cela gâterait tout. Si vous m'en croyez, vous ferez venir la vieille Perrette, votre ancienne confidente, cette adroite sorcière qui s'est si bien introduite chez l'oncle de Thérèse avec des lettres de M. de Surville, écrites par vous, et qu'elle était censée avoir interceptées.

— Ne prononce plus ce nom de Surville : il me rappelle la dernière sottise que j'ai faite, en laissant ce Comte échapper à mon ressentiment. Enfin il est maintenant hors de France, et j'espère qu'il n'y rentrera plus. Au reste, chacun a reconnu sa signature dans tout ce que j'ai fait en son nom.

— Savez-vous, signor, que vous possédez-là un talent qui en vaut mille, celui de contrefaire toutes les écritures. C'est pour un bien plus mince mérite que j'ai été forcé de quitter mon pays, moi. Je n'avais à me reprocher que de savoir un peu mieux ouvrir les portes que le commun des martyrs, sans employer de clefs.

Ici il raconta assez longuement différens traits qui lui avaient mérité l'attention de la justice, et qui, par suite, l'avaient contraint de fuir sa patrie, où son nom, *Feraro*, avait acquit une célébrité trop dangéreuse pour lui.

Le déjeuner de ce dernier était terminé, il en remis les débris dans sa gibecière, rechargea son fusil, et les deux interlocuteurs, continuant à s'entretenir, s'éloignèrent lentement de ce lieu. Robert qui, pendant tout ce temps, n'avait osé changer de position, dans la crainte d'attirer leur attention, sortit enfin des buissons dont il était environné, et reprit la direction de son domicile, en cherchant à se dérober aux regards des deux chasseurs. Il rentra chez lui, mais vivement agité par ce qu'il venait d'entendre, et occupé des moyens de soustraire Thérèse aux criminelles intentions de ses ennemis, en satisfaisant à tous les devoirs que lui imposaient sa généreuse sollicitude et la bonté de son cœur.

FIN DU TOME PREMIER.